Ullabritt Volkers

Hohlsaum~ Stickerei

rosenheimer

© 1994 Rosenheimer Verlagshaus GmbH & Co. KG,
Rosenheim

Musterzeichnungen: U. Brandt
Fotos: Maxis Foto, Berchtesgaden
Umschlagfoto: Eugen Mayer, Rosenheim
Satz: Grafik Birkl, Riedering
Farblithos: reproteam Ulm
Schwarzweiß-Lithos: Typografica, Rosenheim
Druck und Bindung: Haßfurter Tagblatt, Haßfurt

ISBN 3-475-52789-8

Vorwort

Hohlsaumstickerei ist von alters her auf der ganzen Welt verbreitet: Textilien mit einfachen Hohlsäumen wurden in antiken ägyptischen Gräbern gefunden; ebenso kennen wir Stücke aus der Zeit der Inkakultur in Südamerika. Die zunächst einfachen Muster wurden bald verfeinert; schon die Handarbeiten des späten Mittelalters demonstrieren, welche Vielfalt an Möglichkeiten diese Technik bietet.

Hohlsaum ist eine Sticktechnik, bei der einzelne Gewebefäden freigelegt und die verbliebenen durch Hohlsaum- und andere Zierstiche kunstvoll gebündelt werden. Auf diese Weise entstehen schmale Schmuckkanten oder üppige, spitzenähnliche Borten.

Anders als bei Lochstickerei und Richelieu, wo man die Sticklöcher über den Stoff nach Lust und Laune verteilen kann, sind wir beim Hohlsaum an das Gewebe gebunden – einmal durch die Fäden, die wir ziehen, und zum anderen durch das Abzählen beim Sticken. Die Muster sind also immer geometrisch, und der Hohlsaum ist so grob oder fein wie der Stickgrund.

Dieses Buch soll Sie in die Technik des Hohlsaums einführen. Ein ausführlicher Musterteil stellt 71 klassische Hohlsaummuster vor, die aus Musterbüchern aus ganz Europa stammen. Sie sind nach Sorten und Schwierigkeitsgraden geordnet.

In einem anschließenden Modellteil werden typische Hohlsaumhandarbeiten vorgestellt. Lassen Sie sich von diesen hübschen Hohlsaumarbeiten verzaubern, zur Nachahmung und vielleicht zu Eigenkreationen ermuntern.

Inhalt

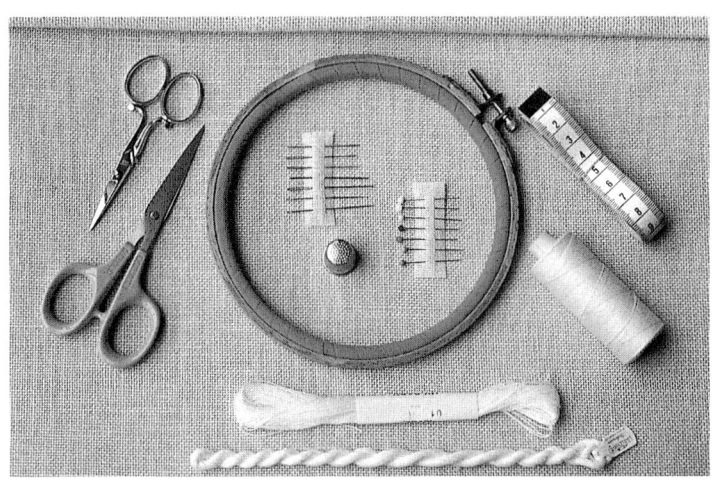

Material und Werkzeug

Für die Hohlsaumstickerei benötigt man:

- Sticknadeln mit und ohne Spitze
- Stickschere und Stoffschere
- Stickrahmen
- Nähnadel und Stecknadel
- Zentimetermaß

Die Hohlsäume werden mit einer Nadel ohne Spitze genäht. Eine Sticknadel mit Spitze wird für das Verwahren von Stickfäden, zur Sicherung abgeschnittener Fäden und bei Randbefestigungen gebraucht. Die Sticknadelstärke richtet sich nach der Stickgarn-qualität: zum feinen Faden die feine Nadel. Die Sticknadelstärken 22, 23 und 24 eignen sich meistens gut für die Hohlsaumarbeit. Eine scharfe, spitze Stickschere ist notwendig, um die einzelnen Gewebe-fäden exakt durchschneiden zu können.

Der Stickrahmen hält den Stoff bei der Arbeit gespannt. Er sollte einen Durchmesser von ca. 15 cm haben. Umwickelt man den in-neren Ring mit Baumwollschrägband, so kann der gespannte Stoff nicht verrutschen. Nähnadel, Stecknadel, Stoffschere und Zenti-metermaß müssen immer zur Hand sein.

In Leinenbindung gewebte Stoffe eignen sich sehr gut für Hohlsäume. Wenn Hohlsäume über Ecken laufen, muß das Gewebe sowohl in der Länge als auch in der Breite die gleiche Fadenzahl aufweisen. Läuft der Hohlsaum nur in einer Richtung, braucht man darauf nicht zu achten.

Der Stickfaden wird auf die Stoffqualität abgestimmt. Als Faustregel gilt, daß der Stickfaden und der Gewebefaden etwa die gleiche Stärke haben sollten. Wenn bestimmte dekorative Effekte durch das Stickgarn erzielt werden sollen, bestätigen Ausnahmen diese Regel.

Vorbereitende Arbeiten

Hohlsaum auf das Material abstimmen

Je nach Hohlsaummuster zieht man einen oder mehrere Fäden aus dem Gewebe aus. Dadurch werden Fäden für den Hohlsaum freigelegt. Diese freigelegten Fäden bilden eine Fadenrinne. Die Menge der auszuziehenden Fäden richtet sich sowohl nach dem Muster als auch nach der Stoffqualität. Hat z.B. ein Gewebe pro Zentimeter 10 kräftige Fäden und ein anderes pro Zentimeter 10 feine Fäden, so fällt ein und dasselbe Hohlsaummuster auf diesen beiden Stoffen nicht gleich aus. Da sich die feineren Fäden durch den Hohlsaumstich enger zusammenziehen lassen, wird der Hohlsaum auf dem Stoff mit den feinen Fäden lichter. Deshalb empfiehlt es sich, vorab einen Probehohlsaum anzufertigen.

Durch einen Probehohlsaum läßt sich auch die für die Arbeit benötigte Garnmenge berechnen: Man multipliziert die für den Probehohlsaum benötigte Menge mit der Länge der zu nähenden Hohlsäume und teilt das Ganze durch die Länge des Probehohlsaums.

Die Stoffmenge beträgt das fertige Maß der Arbeit + den ersten und den zweiten Einbug für den Saum + einige Zentimeter Verschnitt sowie 10–15 cm extra für die Probehohlsäume.

Den Stoff auf das Hohlsaummuster vorbereiten

Der Stoffrand wird als erstes, wenn es sich nicht um eine Webkante handelt, mit einer Zickzacknaht auf der Nähmaschine oder mit großen Überwendlingsstichen umnäht, damit er nicht ausfranst.

Das Hohlsaummuster ist ein Zählmuster und deshalb eng mit den Gewebefäden verbunden. Die Fadenmenge spielt bei der Hohlsaumarbeit eine große Rolle. Die Fäden müssen gezählt werden. Um dies zu erleichtern, näht man über Kreuz durch die Mitte des Stoffes und von Rand zu Rand mit farbigem Reihfaden Vorstiche (Abb. 2). Die Nadel wird dabei über zwei und unter zwei Gewebefäden geführt. Den kreuzenden Faden von der Stoffmitte aus nähen!

Durch diese Vorstiche lassen sich leicht sowohl die Schuß- als auch die Kettfäden in Vierergruppen zählen. Je nach Größe der Arbeit können Stecknadeln oder weitere Reihfäden beim Auszählen des Musters

Abb. 2

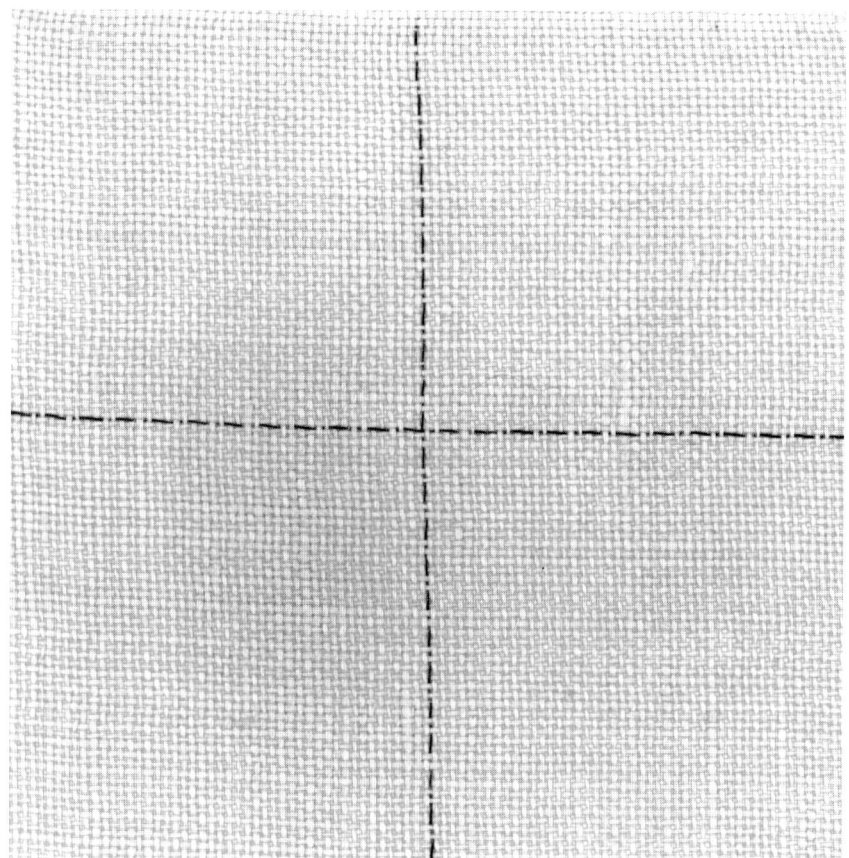

als weitere Anhaltspunkte dienen. Die sich in der Mitte kreuzenden Reihfäden erst dann entfernen, wenn die Hohlsaumstickerei ganz fertig ist.

Das Muster kann jetzt nach der Mustervorlage ausgezählt und mittels Reihfaden mit mittelgroßen Vorstichen auf das Gewebe „eingezeichnet" werden.

Damit sind die Vorbereitungsarbeiten beendet. Nun kann man mit dem Hohlsaumnähen beginnen.

Praktische Ratschläge und Kniffe

In der Regel sollten alle Stickarbeiten von der Mitte des Stoffes ausgehen und am Rande aufhören. Dementsprechend werden die Schuß- bzw. Kettfäden für die Hohlsäume freigelegt.

Beim Ausziehen von Gewebefäden für ein Hohlsaummuster entsteht eine *Fadenrinne*. In der Fadenrinne sind die *freigelegten Gewebefäden*. Diese werden durch Hohlsaumstiche *gebündelt*. Einige Hohlsaummuster werden über zwei oder mehrere Fadenrinnen genäht. Der Stoff zwischen den Fadenrinnen ist der *Stoffsteg*.

Das Ausziehen von Schuß- und Kettfäden

Man sollte nur so viele Gewebefäden ausziehen, daß es sich bequem arbeiten läßt. Wird nämlich eine lange Fadenrinne freigelegt, besteht die Gefahr, daß sich – insbesondere bei breiten Hohlsaummustern – die freigelegten Gewebefäden und das angrenzende Gewebe verziehen.

Die aus dem Gewebe auszuziehenden Fäden werden etwa 4–5 cm von der Ecke bzw. von der Befestigungsstelle durchgeschnitten.

Abschneiden und Sichern der Gewebefäden

Die abgeschnittenen Gewebefäden werden in der Ecke oder am Ende des Hohlsaumes – am Schnittrand – gesichert. Die Gewebefäden etwa eine gute Nadellänge vom Schnittrand abschneiden. – Die ersten beiden Abbildungen zeigen, wie die abgeschnittenen Fäden mit der Nadel in das Gewebe zurückgestopft werden, so daß sich eine Art Webkante bildet.

1. Jeden der ausgezogenen Fäden mit der spitzen Sticknadel zurückstopfen. Die überhängenden Fäden dicht am Gewebe abschneiden. Dieser Abschluß ist fest und ein Übernähen, z. B. mit Festonstichen (S.28), ist nicht notwendig (Abb. 3/1).

2. Jeden zweiten der ausgezogenen Fäden in das Gewebe zurückstopfen. Die überhängenden Fäden dicht am Gewebe abschneiden. Die restlichen ausgezogenen Fäden direkt am Schnittrand abschneiden. Wenn der Stoff dicht gewebt ist, ist dieser Abschluß und die Randsicherung fest, und ein

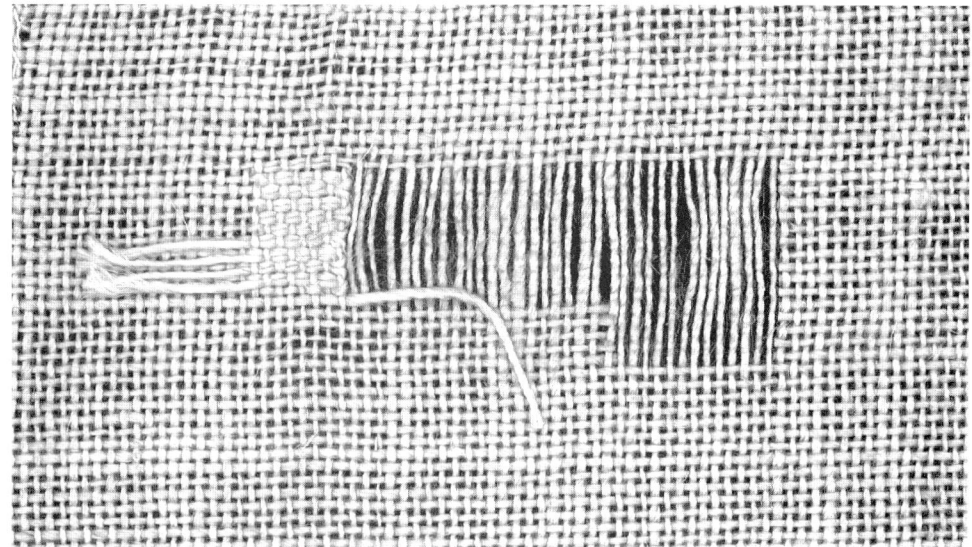

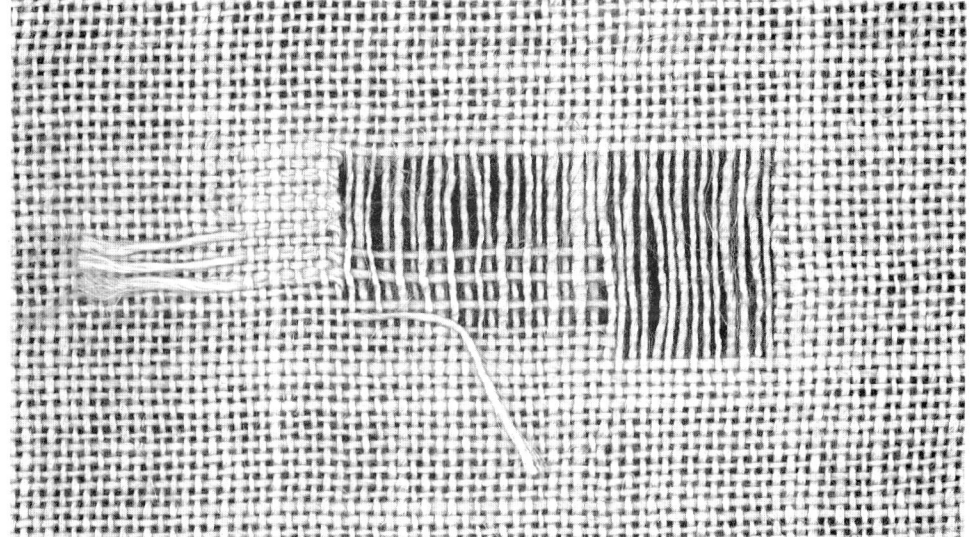

Übernähen, z. B. mit Festonstichen, nicht notwendig. Wenn übernäht werden soll, reicht es, wenn sie über 3–4 Fäden ins Gewebe zurückgestopft werden (Abb. 3/2).

Die Abbildungen 3/4–3/6 auf S. 15 zeigen Randbefestigungen mit Feston- und Blindlochstichen.

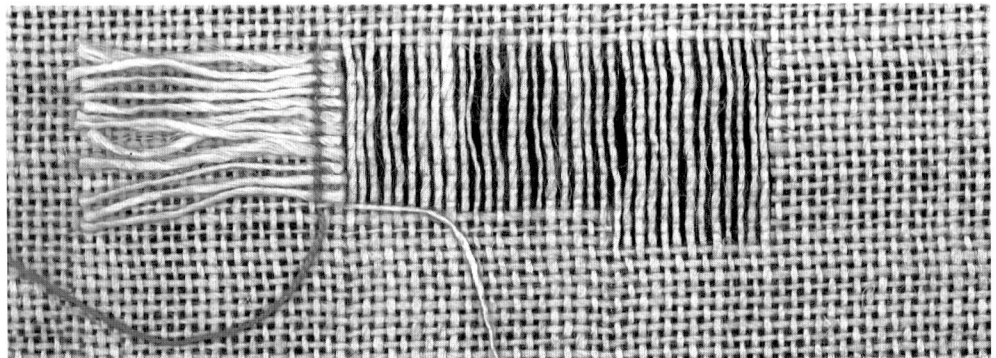

3. Die ausgezogenen Fäden mit Rückstichen am Schnittrand fest-halten. Es wird mit einem feinen Faden genäht, der nicht auf-trägt. Die ausgezogenen Fäden werden einer nach dem ande-ren an den Rand umgebogen und mit Rückstichen erfaßt. Bei feineren Geweben können zwei oder mehrere Fäden mit ei-nem Rückstich festgehalten werden. Die befestigten Fäden werden später entweder mit Festonstichen oder mit Blindloch-stichen übernäht (Abb. 3/3).

4. Den mit Rückstichen gesicherten Schnittrand mit Feston-stichen übernähen. Wenn die Festonstichreihe beendet ist, die überhängenden Fäden abschneiden (Abb. 3/4).

5. Gleicher Arbeitsvorgang wie bei 4., nur mit Blindlochstichen (Abb. 3/5).

6. Anfang eines gestopften Hohlsaumes. Der Schnittrand wird gleich mit in das Muster einbezogen (S.15, Abb. 3/6).

Bei feinem Gewebe können Gewebefäden direkt am Schnittrand ab-geschnitten werden, nachdem dieser mit dicht aneinander genähten Feston- oder Blindlochstichen gesichert wurde.

Hohlsäume werden im Stickrahmen genäht. Nur dadurch wird das Er-gebnis schön und gleichmäßig.

Die Arbeitsfäden werden mit der spitzen Sticknadel verwahrt, damit man die auf der Rückseite liegenden Stiche durchstechen kann (dies ist vor allem dann wichtig, wenn der Restfaden kurz ist). Dadurch ist

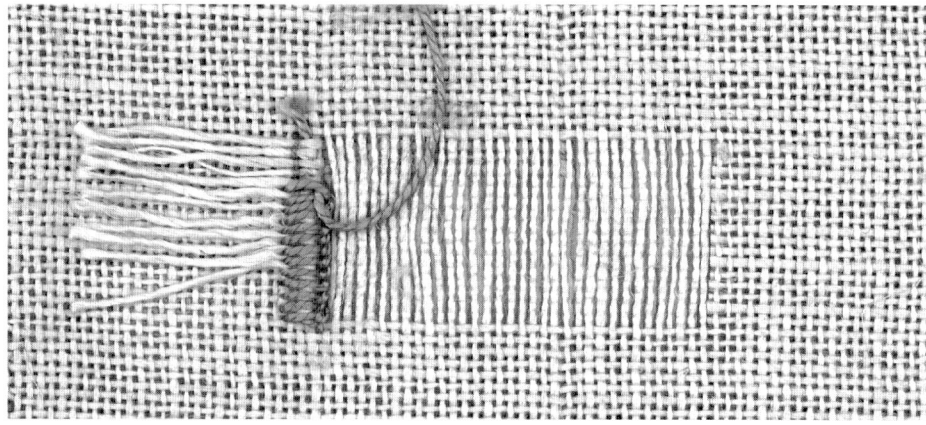

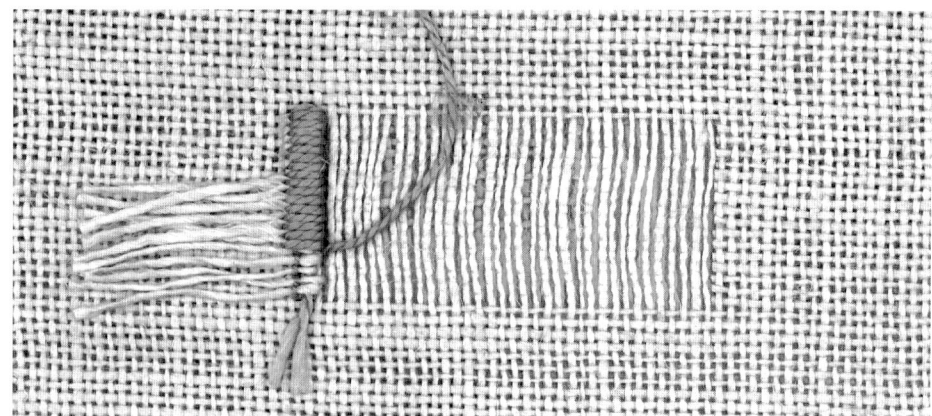

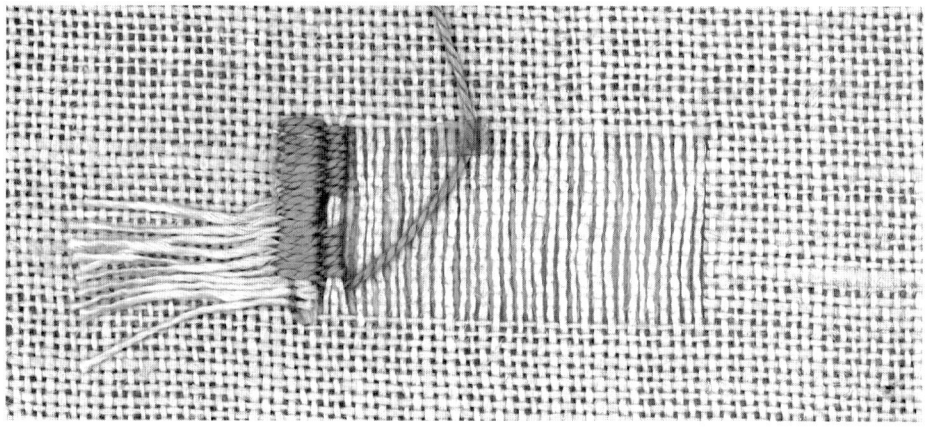

Abb. 4

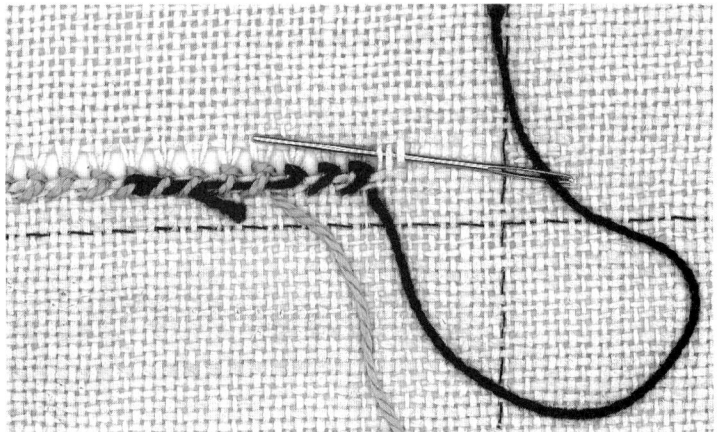

eine gute Fadenbefestigung gesichert. Allgemein gilt, daß Arbeitsfäden in Nährichtung verwahrt werden. Dadurch ergibt sich beim Einsetzen eines neuen Arbeitsfadens ein fließender Übergang (Abb. 4). Wenn Arbeitsfäden in Gegenrichtung verwahrt werden, kann ein leichter „Knick" in der Arbeit entstehen. – Also besser den zu Ende gehenden Arbeitsfaden hängen lassen; den neuen Arbeitsfaden auf der Rückseite in Arbeitsrichtung verwahren; die Nadel mit dem neuen Arbeitsfaden dort ausstechen, wo der alte Arbeitsfaden hängt; von dort aus weitersticken; nach einigen Stichen auch den alten Arbeitsfaden in Nährichtung verwahren.

Bei den gestopften Hohlsäumen wird der neue Arbeitsfaden durch eine bereits gestopfte Fläche eingezogen. Der alte Arbeitsfaden wird an ein Fadenbündel gelegt und im Verlauf der Arbeit umstopft (Abb. 5).

Gitterhohlsäume ziehen den Stoff etwas zusammen. Bei den verschränkten Gitterhohlsäumen werden die Stäbchen durch das Verschränken quasi verkürzt. Gitterhohlsäume eignen sich für Borten, die über eine ganze Stoffbreite bzw. -länge laufen. Wird der Gitterhohlsaum mitten in den Stoff gearbeitet, schlägt der Stoff am Anfang und am Ende der Borte Wellen (Abb. 6).

Falls der Einziehfaden in einem verschränkten Hohlsaum zu kurz ist, so kann er durch einen Weberknoten verlängert werden: Mit dem neuen Arbeitsfaden eine Schlinge herstellen; das Fadenende des alten Arbeitsfadens durch die Schlinge führen; die Schlinge festziehen – bis es „knackt". Damit ist ein flacher und haltbarer Knoten hergestellt (Abb. 7).

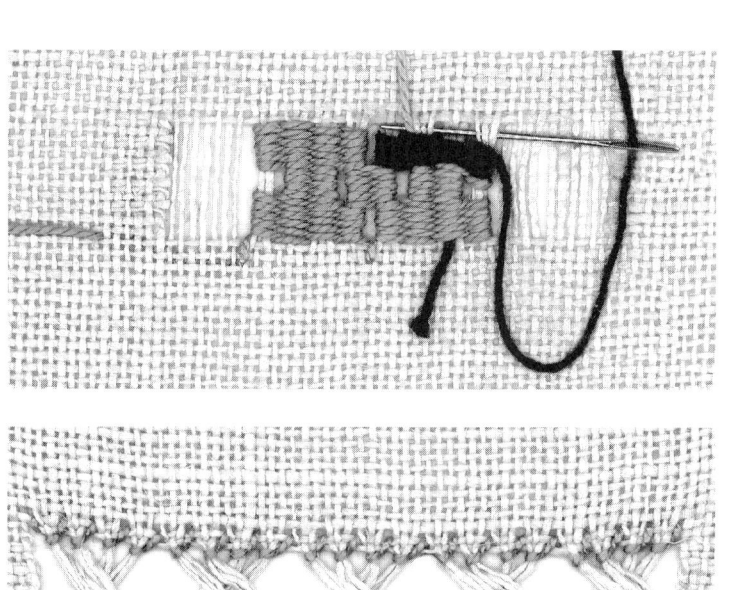

Abb. 5

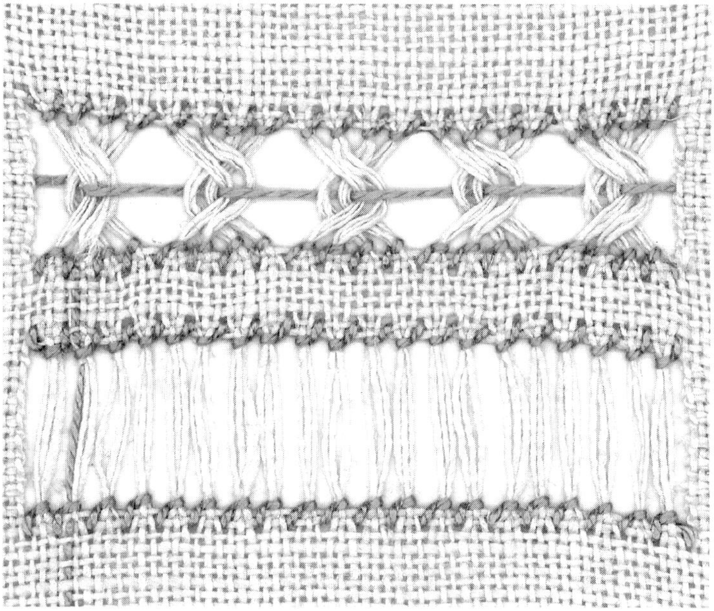

Abb. 6

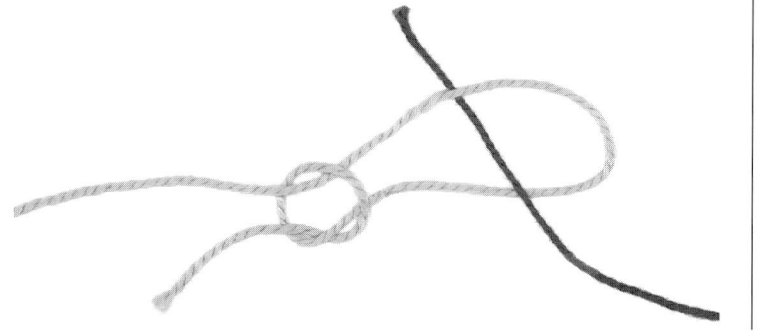

Abb. 7

Ein versehentlich durchgeschnittener Gewebefaden läßt sich wie folgt reparieren: Vom Geweberand einen Faden ausziehen und einige Zentimeter vor und nach der Schnittstelle über den durchschnittenen Faden „einweben", und zwar mit der spitzen Sticknadel (Abb. 8/1 und 8/2).

Wenn die Gewebefäden beim Bündeln zahlenmäßig nicht „aufgehen", kann dies in folgender Weise berichtigt werden: Es können bei einem oder zwei Fadenbündeln ein oder zwei Gewebefäden hinzu- oder abgenommen werden, damit am Ende alles wieder stimmt. Die Berichtigung darf nicht zu nah an der Ecke bzw. dem Ende vorgenommen werden, sondern einige Zentimeter davon entfernt, damit sie nicht auffällt.

Bei Hohlsäumen in sehr feinen Materialien, wie z. B. Batiststoff, können die einzelnen Gewebefäden kaum gezählt werden, da sie sehr fein sind. Muster und Fadenrinnen werden mit Hilfe des Zentimetermaßes ausgerechnet. Stichlänge und Bündelgröße bestimmt dann das Augenmaß (Abb. 9).

Pflege

Handgearbeitete Hohlsäume, Stickereien oder Spitzen brauchen eine gute Pflege. Nur so werden Sie lange Freude an ihnen haben.

Die fertige Handarbeit auf einer weichen Unterlage von der linken Seite bügeln, und zwar unter einem Bügeltuch, zuerst feucht und dann trocken. Dieses Verfahren läßt Hohlsäume und Stickereien auf der rechten Seite deutlich hervortreten. Wenn man sie von der rechten Seite bügelt, werden sie flach.

Alle bestickten Wäschestücke sollten möglichst schonend mit der Hand gewaschen werden. Weiße Leinen- oder Baumwollarbeiten können langsam zum Kochen gebracht und allmählich wieder ausgekühlt werden. Sie lassen sich sogar ohne Reue in der Waschmaschine waschen, wenn man sie in einen Kopfkissenbezug steckt. Die Wäschestücke mit einem milden Waschmittel, gegebenenfalls unter Hinzugabe von etwas Stärke, im Schongang waschen, aber auf keinen Fall schleudern.

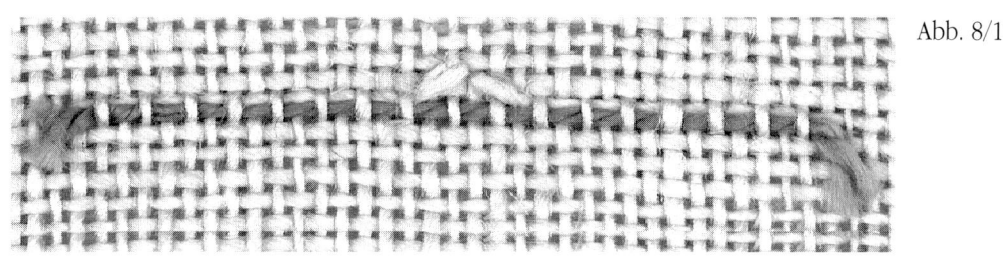

Abb. 8/1

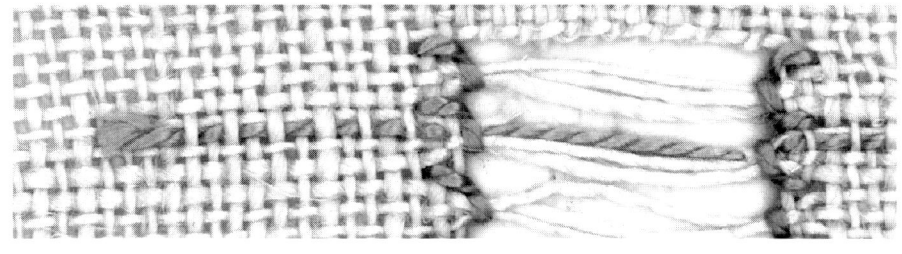

Abb. 8/2

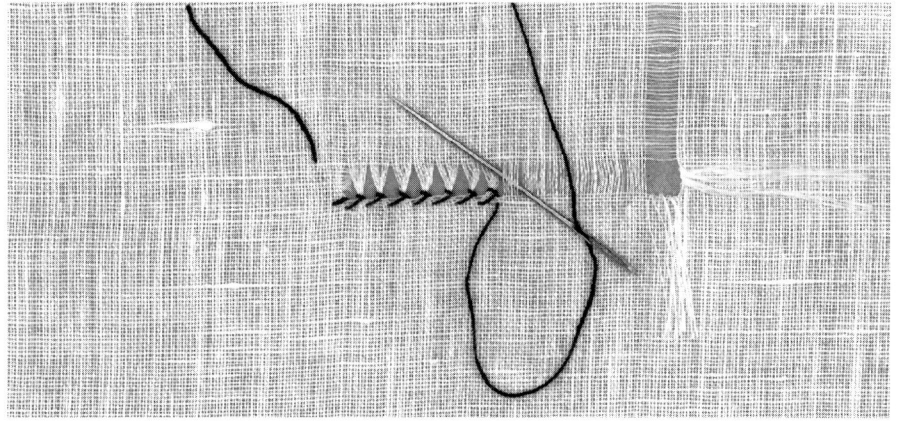

Abb. 9

Säume

Für den Gesamteindruck einer Handarbeit ist der Randabschluß von entscheidender Bedeutung. Ob es sich um eine Decke handelt, ein Deckchen oder einen Läufer: Es gibt verschiedene Möglichkeiten, sie einzusäumen. In Verbindung mit schön genähten Ecken können schmale oder breite Säume genäht werden. Man kann auch Kästchen- oder Festonstiche an die Ränder nähen oder besonders dekorative Fransen knüpfen.

19

Abb. 10/1

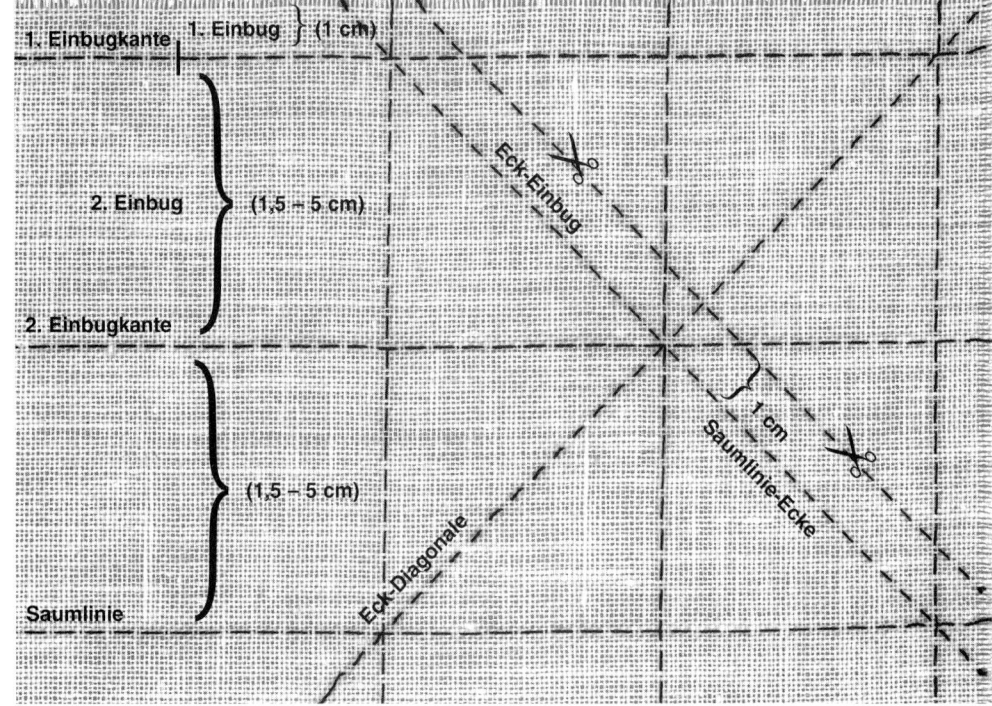

1. Einbugkante · 1. Einbug } (1 cm)

2. Einbug } (1,5 – 5 cm)

2. Einbugkante

(1,5 – 5 cm)

Saumlinie

Eck-Einbug

Eck-Diagonale

Saumlinie-Ecke

1 cm

Ecke mit diagonaler Naht – für Säume über 1,5 cm Breite

1. Den Saum und die Ecke mit Reihfaden genau kennzeichnen (Abb. 10/1).
2. An der Saumlinie Gewebefäden für den Hohlsaum ausziehen und diese entweder durch Zurückstopfen in das Gewebe oder mittels Rückstichen mit sehr feinem Faden am Geweberand festnähen. (Abb. 10/2, siehe auch S. 12: Abschneiden und Sichern der Gewebefäden).
3. Die Ecke abschneiden, so daß der Eckeinbug 1 cm breit ist.
4. Den Stoff über die Eckdiagonale falten (Abb. 10/3); dabei das Gewebe rechts auf rechts legen.
5. Entlang der Saumlinie von der Spitze aus (zweite Einbugkante) bis zur ersten Einbugkante entweder Rückstiche oder eine Maschinennaht nähen und die äußerste Spitze vorsichtig abschneiden oder anschneiden (Abb. 10/3).
6. Den Saum auseinanderbügeln und die Ecke wenden.

20

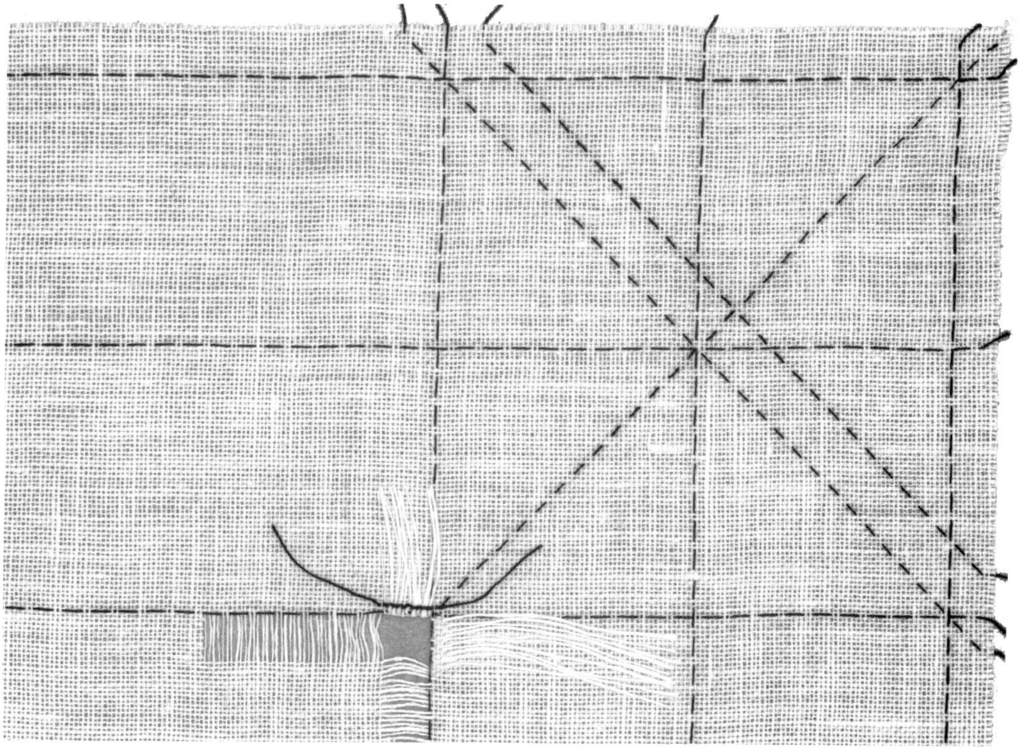

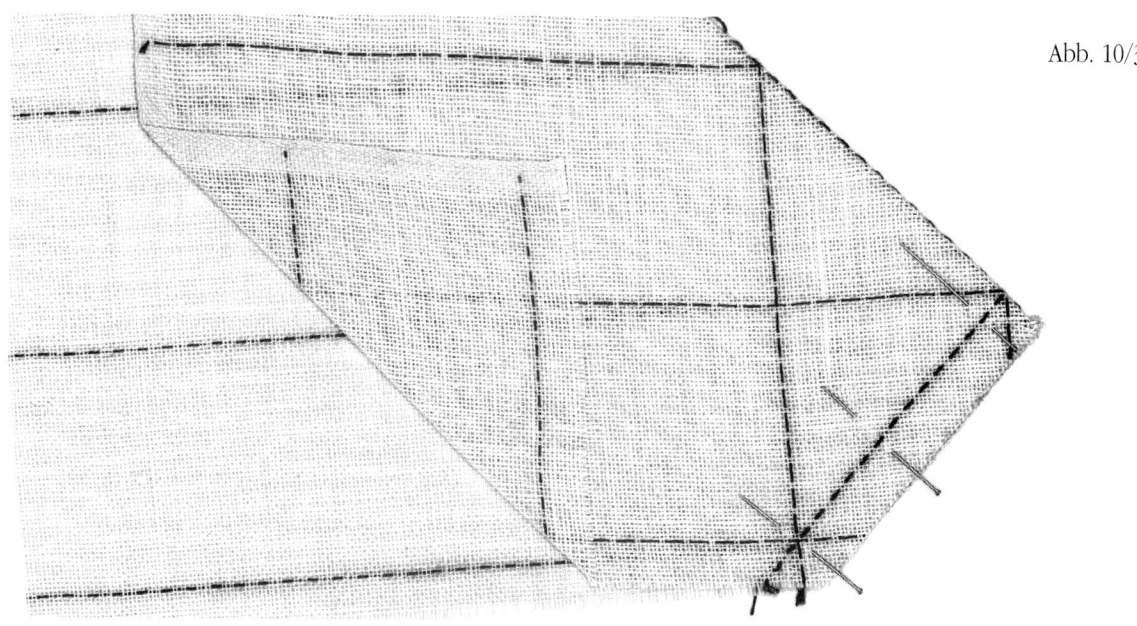

Abb. 10/4

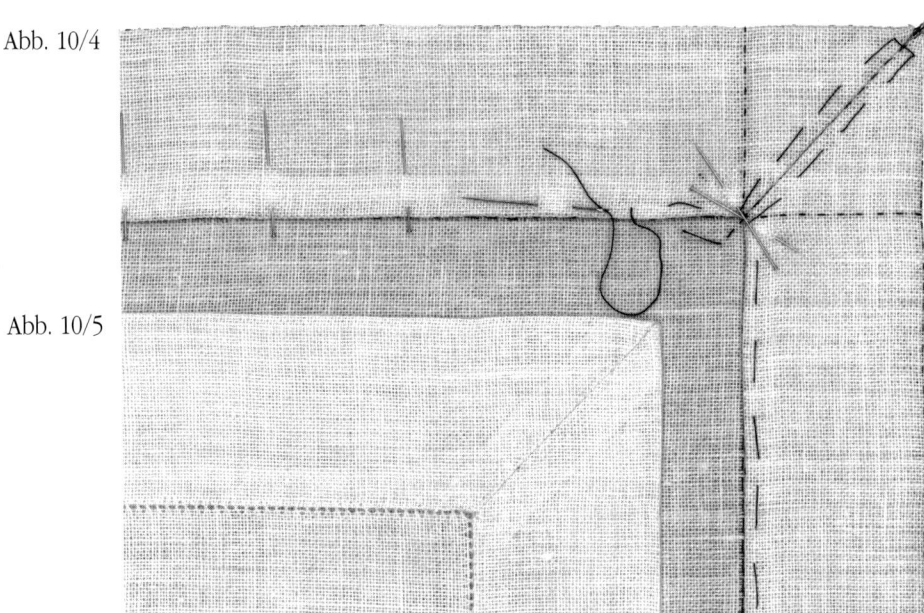

Abb. 10/5

7. Die Einbüge an den Einbugkanten falten, eventuell bügeln.
8. Die erste Einbugkante auf die Saumlinie legen und mit Reihfaden heften.
9. Mit einfachem Hohlsaumstich (S-34, Muster 1) säumen. Beim Säumen erfaßt dieser Hohlsaumstich wechselweise ein Fadenbündel am unteren Rand der Fadenrinne und zwei Gewebefäden von der ersten Einbugkante.

Handgenähte Ecke als Alternative

Die Punkte 1 bis 4 wie oben.
5. Den Eckeinbug und den ersten Einbug um die erste Einbugkante falten und eventuell bügeln.
6. Den zweiten Einbug um die zweite Einbugkante falten und eventuell bügeln.
7. Eckeinbug mit Stecknadeln an der Eckdiagonale festhalten.
8. Die 1. Einbugkante auf die Saumlinie legen; die Saumlinien der Ecke liegen auf der Eckdiagonale.
9. Den Saum und die Ecken heften (Abb. 10/4).
10. Den Ecksaum von Hand nähen – an der Spitze (zweite Einbugkante) anfangen und eine Stoßnaht nähen.
11. Mit einfachem Hohlsaumstich säumen. Abb. 10/5 zeigt die fertige Ecke.

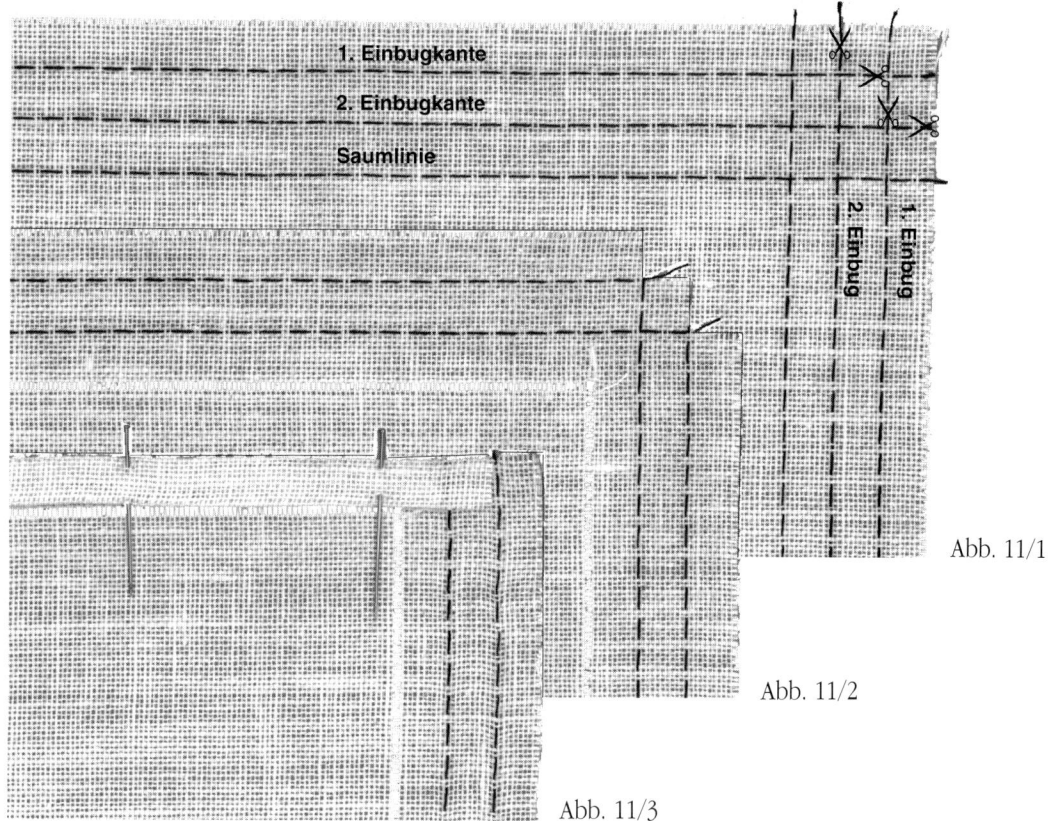

1. Einbugkante

2. Einbugkante

Saumlinie

2. Einbug

1. Einbug

Abb. 11/1

Abb. 11/2

Abb. 11/3

Ecke mit gerader Naht – für Säume bis zu 1 cm

1. Die Ecke mit gerader Naht nur bei Säumen bis zu 1 cm Breite nähen. Den schmalen Saum nach abgezählten Gewebefäden arbeiten. Wenn z. B. der erste Einbug 9 und der zweite Einbug 10 Gewebefäden hat, zählt man von der zweiten Einbugkante bis zur Saumlinie ebenfalls 10 Gewebefäden. Der darauffolgende 11. Faden an der Saumlinie wird für den Hohlsaum herausgezogen (Abb. 11/1).
2. Die Ecke ausschneiden (Abb. 11/2).
3. Den Saum Seite für Seite einbiegen und die Ecken nach und nach legen. Ist die zu säumende Decke quadratisch, so werden alle Ecken in eine Richtung gelegt; ist sie rechteckig, so werden die Ecken an den kurzen Seiten gegeneinander gelegt (Abb. 11/3).

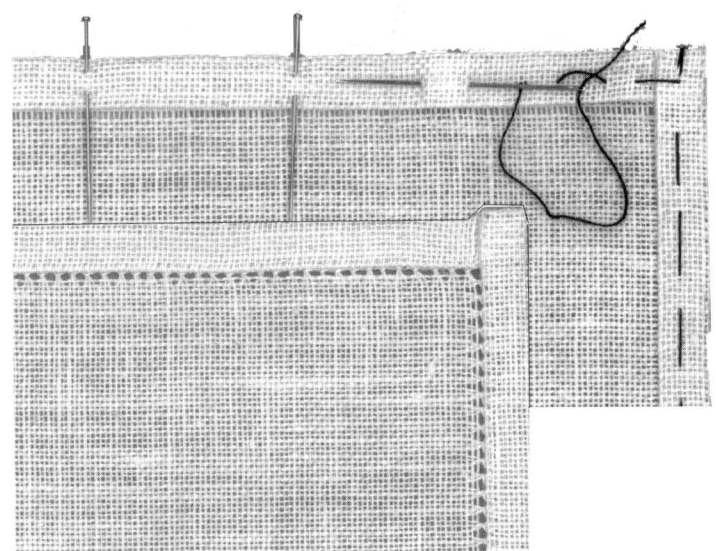

Abb. 11/4

Abb. 11/5

4. Den Saum mit Reihfaden heften, um die Ecke einen extra Stich legen, damit die gefaltete Ecke nicht verrutscht (Abb. 11/4).
5. Die Säume mit dem einfachen Hohlsaumstich säumen. Die Ecken mit Überwendlings- bzw. Saumstichen nähen (Abb. 11/5).

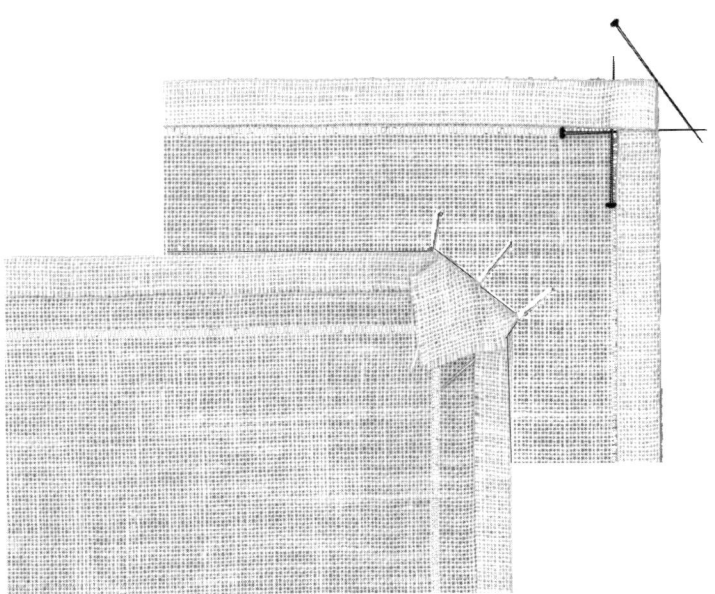

Abb. 11/6

Abb. 11/7

Ecke mit diagonaler Naht – für Säume bis zu 1,5 cm

1. Den schmalen Saum wie oben (für die Ecke mit gerader Naht für Säume bis 1 cm) beschrieben vorbereiten. Wird der Saum breiter als 1 cm, so genügt es, wenn der erste Einbug 1 cm breit ist. Von der ersten Einbugkante bis zur zweiten Einbugkante sollten es genau so viele Gewebefäden sein wie von der zweiten Einbugkante bis zur Saumlinie.

2. Den Saum einbiegen und an der Ecke 3 Stecknadeln einstecken (Abb. 11/6).

3. Den Saum bis auf den ersten Einbug auseinanderfalten. Die Einsteckpunkte der drei Stecknadeln befinden sich jetzt auf einer diagonalen Linie. Die Spitze nach innen (Richtung Stoffmitte) falten (Abb. 11/7).

4. Die Ecke um die mittlere Stecknadel falten. Der Stoff liegt jetzt rechts auf rechts, die beiden äußeren Stecknadeln liegen übereinander. Die Diagonale, die nun doppelt liegt, mit feinem Faden und mit kleinen Überwendlingsstichen zusammennähen – bei den beiden übereinanderliegenden Stecknadeln anfangen und bis zur Spitze (mittlere Nadel) hin arbeiten (Abb. 11/8).

5. Die Spitze zurückschneiden, so daß etwa 0,5 cm Saum bleiben. Den Saum auseinanderfalten und glattziehen (Abb. 11/9).

6. Die Ecken wenden, den Saum mit Reihfaden heften und danach mit einfachen Hohlsaumstichen säumen (Abb. 11/10).

Abb. 11/8

Abb. 11/9

Abb. 11/10

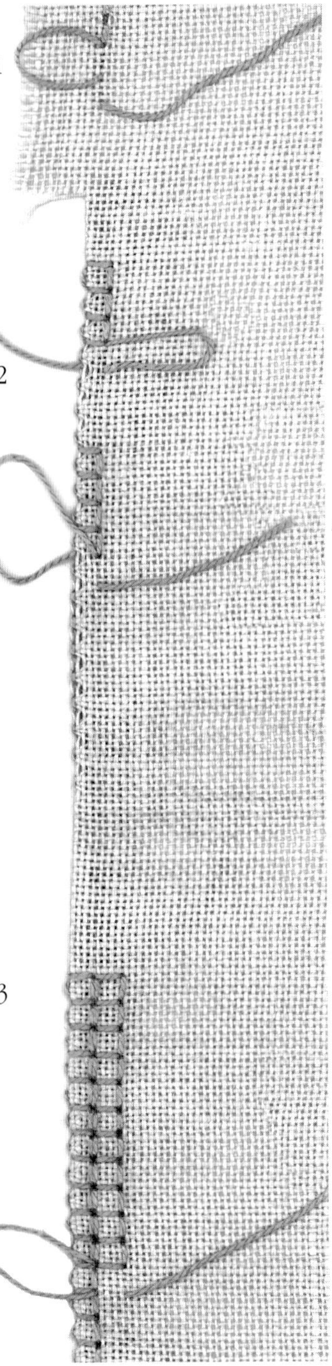

Abb. 12/1

Abb. 12/2

Abb. 12

Abb. 12/3

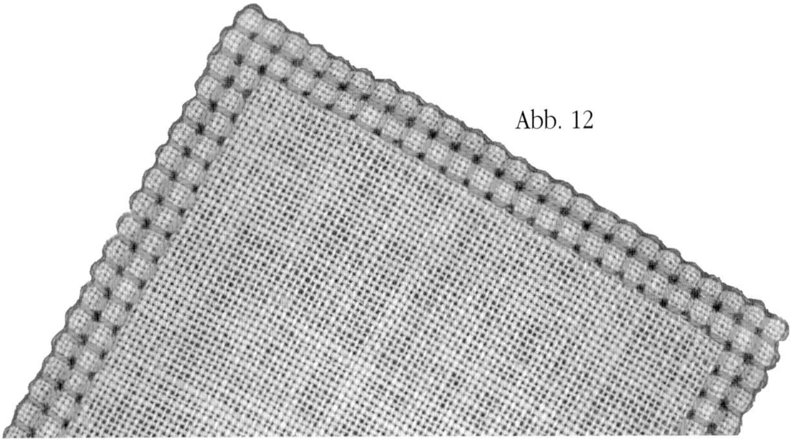

Andere Randabschlüsse

Randabschlüsse mit Kästchenstichen

Diese Form des Randabschlusses eignet sich gut für Decken u. ä., in deren Musterornamenten z. B. Kästchenstichhohlsäume vorkommen.

Beispiel 1:
1. In der Faltlinie Rückstiche nähen. Die Stiche fest anziehen (Abb. 12/1).
2. Den Saum falten und durch beide Stofflagen 3/4-Kästchenstiche (S. 64, Muster 59, Randeinfassung) nähen, wobei der schräge Stich, der normalerweise auf der Rückseite liegen muß, zwischen die beiden Stofflagen gelegt wird (Abb. 12/2).
3. Im direkten Anschluß an die Vorreihe eine Reihe Kästchenstich I nähen (Abb. 12/3; siehe auch S. 50, Muster 30). – Die mittlere Stichreihe liegt auf der fertigen Arbeit doppelt. Dadurch wird der Saum stabiler.
4. Zum Schluß den überstehenden Stoff auf der Rückseite abschneiden – nicht zu nah an der letzten Stichreihe; lassen Sie ein paar Gewebefäden stehen.

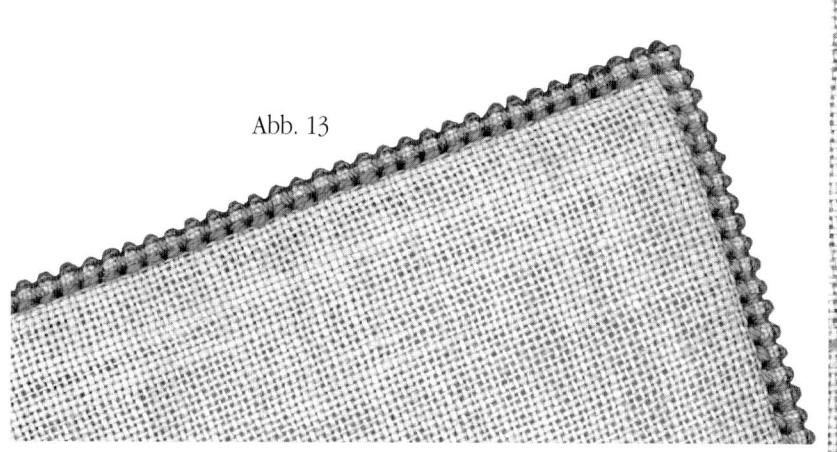

Abb. 13

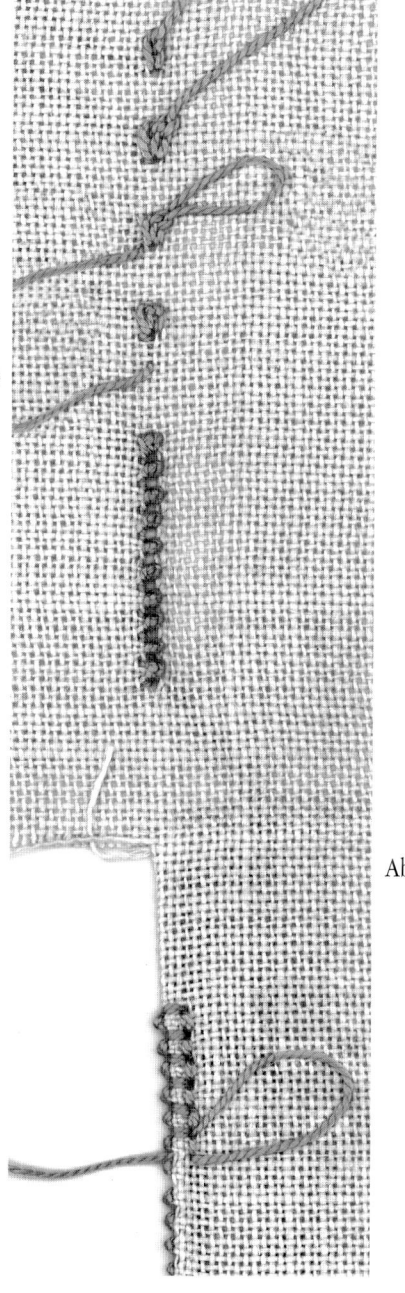

Abb. 13/1

Abb. 13/2

Beispiel 2:

Bei diesem Saum liegen kleine Noppen am Rande.

1. In der Faltlinie 2 Knopflochstiche über 3 Gewebefäden nähen (Abb. 13/1).
2. Die Knopflochstiche mit einem Stich um den Gewebefaden links von der Faltlinie festigen (Abb. 13/1) und gleich 3 Gewebefäden tiefer die nächste Noppe nähen.
3. Den Stoff in der Faltlinie falten und durch beide Stofflagen einen 3/4-Kästchenstich doppelt nähen – auch „Nonnenstich" genannt. Auf der rechten Seite liegen alle Stiche doppelt. Den schrägen Stich zwischen die beiden Stofflagen legen – wie auch im Beispiel 1 (Abb. 13/2).
4. Den auf der Rückseite überstehenden Stoff abschneiden.

Die Ecken der beiden Kästchenstichsäume werden folgendermaßen gearbeitet:

1. Rückstiche bzw. Knopflochstiche in der Faltlinie um die Ecke nähen.
2. Den Kästchenstich bzw. Nonnenstich bis zwei Stiche vor die Ecke nähen. Überflüssigen Stoff an der Ecke wegschneiden (siehe auch: Ecke mit gerader Naht für Säume bis zu 1cm, S. 23). Die nächste Stoffseite längs der Faltlinie falten und die letzten beiden Stiche der bereits genähten Seite bis zur Ecke nähen. Dabei den Stoff der folgenden Seite an diesen beiden letzten Stichen erfassen. – Mit dem Säumen nicht direkt in einer Ecke beginnen.

Abb. 14

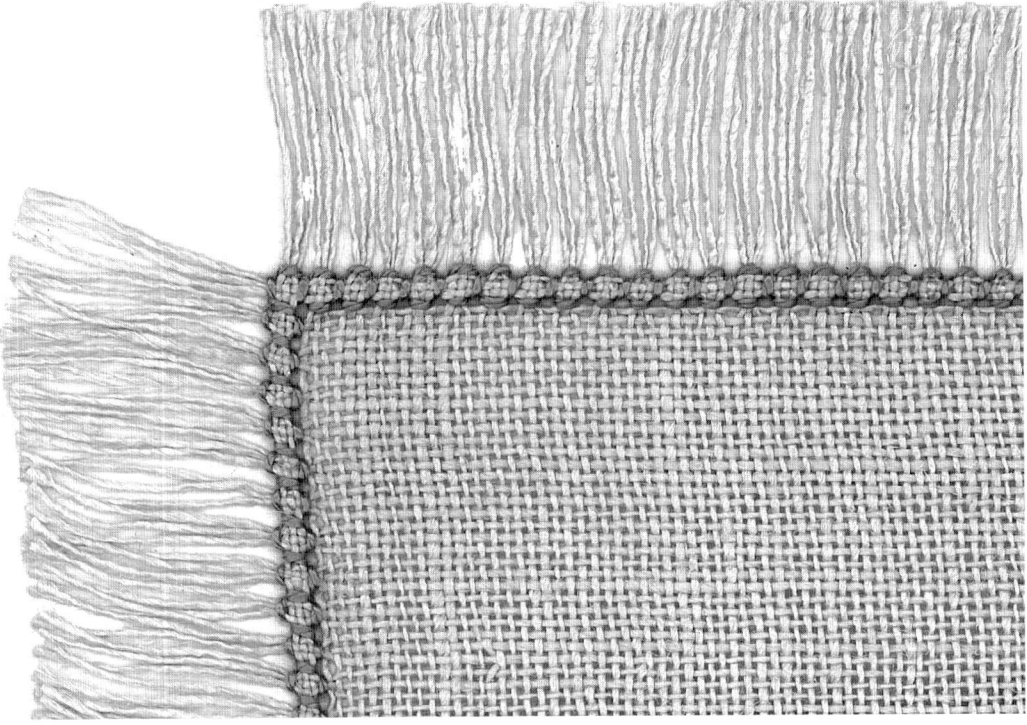

Kästchenstichumrandung mit kurzen Fransen

Die Kästchenstiche fest anziehen; im gewünschten Abstand von dieser Stichreihe einen Faden aus dem Gewebe ziehen. Die dadurch entstandene Fadenrinne dient als Schnittlinie für die Fransen. Auf diese Weise werden die Fransen gleichmäßig. Fransen müssen nach dem Waschen gekämmt oder gebürstet werden (Abb. 14).

Randabschluß mit Festonstichen

Die Festonstiche (Abb. 15, 1–4) über 4 Fäden in der Höhe und 1 Faden in der Breite nähen. Wenn die Festonstiche um die Ecke gestickt werden, so werden sie um einen zentralen Einstechpunkt geführt (Abb. 15/2). Der Festonstich wird von links nach rechts genäht. Diese Stiche werden ein paar Zentimeter vom Rand genäht, und zum Schluß wird der überstehende Stoff abgeschnitten.

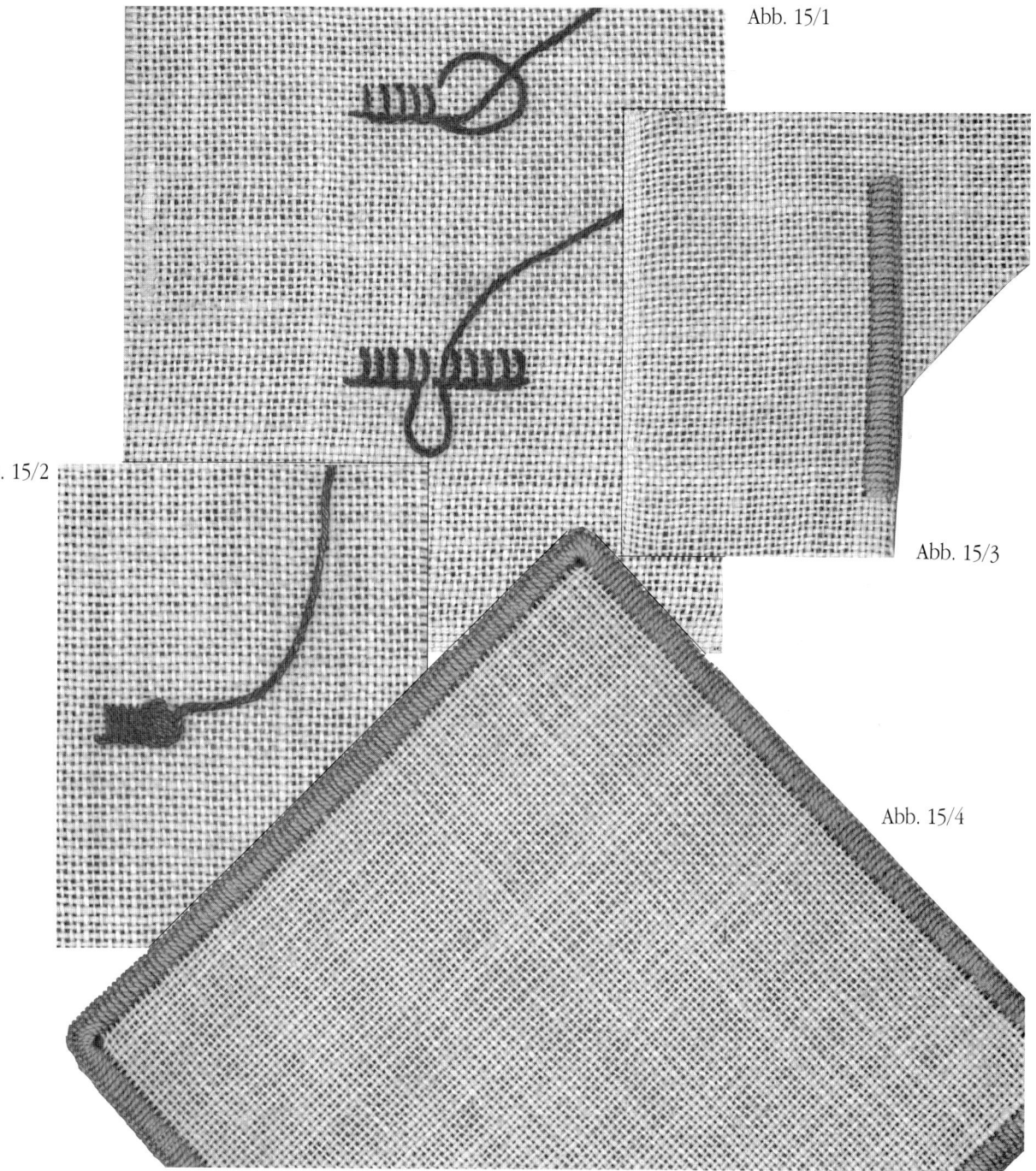

Abb. 15/1

Abb. 15/2

Abb. 15/3

Abb. 15/4

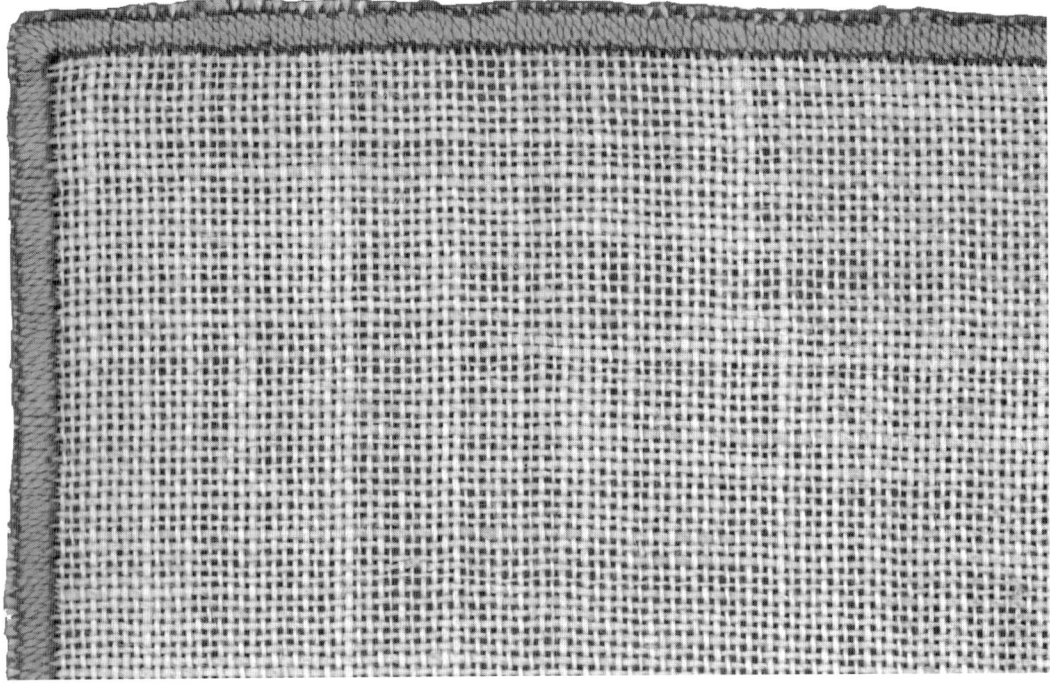

Abb. 16

Randabschluß mit Blindlochstichen

Hier wird ähnlich wie beim gerade beschriebenen Randabschluß verfahren. Den Blindlochstich von rechts nach links dicht nebeneinander mit einer spitzen Sticknadel nähen. In der Ecke müssen die Stiche fest angezogen werden, damit sie nicht verrutschen, nachdem der Stoff zurückgeschnitten wurde. Die Blindlochstiche werden wie „gezählter Plattstich" (S. 48, Muster 28) genäht, aber viel dichter aneinander gesetzt. In der Ecke wird wie bei einem Randabschluß mit Festonstichen verfahren (Abb. 16).

Fransen

Fransen lassen sich am bequemsten anfertigen, indem man die Handarbeit auf einer mit kariertem Stoff bespannten Styroporplatte befestigt. Dadurch kann sie nicht verrutschen, und dank der darunterliegenden Karos ist es einfach, die Fransen auf gleiche Länge zu bringen. Fransen eignen sich als Abschluß für Läufer mit Webkanten.

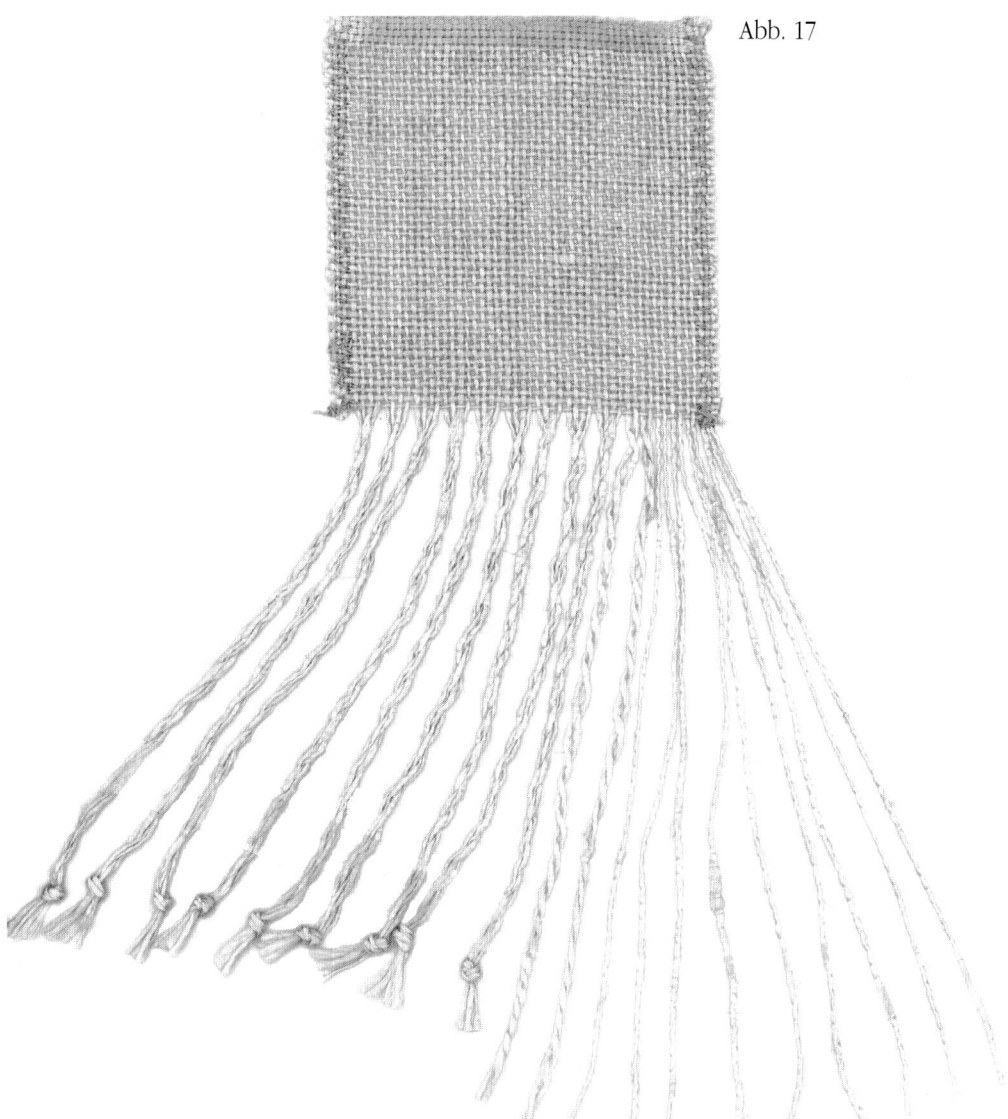

Abb. 17

Fransen zu Kordeln gedreht

Zwei Bündel Gewebefäden, bestehend aus zwei oder mehreren Fäden, im Uhrzeigersinn drehen. Die beiden gedrehten Bündel zwischen zwei Finger nehmen und gegen den Uhrzeiger drehen; die Kordelenden verknoten (Abb. 17).

Abb. 18

Fransen mit Perlknoten

Am Stoffrand liegen die Knoten wie Perlen in einer Reihe. Für einen Knoten braucht man eine gerade Anzahl von Gewebefäden.

Das Fadenbündel teilen, einen einfachen Knoten mit dem geteilten Bündel binden. Das ganze Fadenbündel zusammenfassen und einen Schlingknoten knüpfen. Diesen Knoten mit einer kräftigen Nadel an den Stoffrand drücken und den Knoten zuziehen. Die Fransen geradeschneiden (Abb. 18).

Abb. 19

Geflochtene Fransen

Durch Viererflechten kann ein Randabschluß gestaltet werden. Für eine Flechte benötigt man 4 Fäden oder eine durch 4 teilbare Anzahl von Fäden aus dem Gewebe. Das Flechten beginnen, indem man die mittleren beiden Fäden/Bündel kreuzt.

Eine Zickzackwirkung erreicht man, indem man die ersten und die beiden letzten Fäden im ersten Abschnitt dreht. Im zweiten Abschnitt werden sie mit zwei Fäden aus den nächstliegenden Flechten verflochten, und alle anderen Flechten werden um zwei Fäden versetzt. Während der Arbeit die Flechten mit Stecknadeln festhalten. Am Ende jede Flechte verknoten und geradeschneiden (Abb. 19).

Die Hohlsaummuster

Hohlsäume können für sich alleine eine Handarbeit verzieren, sie können aber auch wunderbar mit anderen Sticktechniken (Plattstich, Kreuzstich) kombiniert werden. Die ausgewählten Hohlsaummuster fanden sich in europäischen Musterbüchern und sind eher Klassiker. Sie lassen sich untereinander problemlos kombinieren. Die Phantasie kennt keine Grenzen, auch eigene Variationen sind erlaubt.

Solche eigenen Hohlsaumkreationen lassen sich gut auf Stoffresten ausprobieren. Nähen Sie daraus ein Duftsäckchen für den Wäscheschrank, kleine Kissen, Deckchen oder Schleifen. Sie lassen sich mit wenig Zeitaufwand nähen und sind heißbegehrte Mitbringsel.

Wenn sich Hohlsäume kreuzen oder in Ecken zusammentreffen, entstehen im Gewebe quadratische Löcher. Diese Löcher werden dann mit sogenannten Spinnen ausgefüllt, so daß ein dekoratives, spitzenähnliches Gebilde entsteht. Sowohl die Hohlsäume als auch die Spinnen werden im folgenden durch Fotos und ausführliche Zeichnungen mit Begleittext Schritt für Schritt erklärt. In den Beschreibungen ist die Zahl der auszuziehenden Gewebefäden jeweils fettgedruckt, die Fadenzahl des Stoffsteges ist in Klammern hinzugefügt.

1. Einfacher Hohlsaumstich

2. Stäbchenhohlsaum

3. Zickzackhohlsaum

Der einfache Hohlsaumstich dient als Grundstich in vielen Hohlsaummustern.

Einen oder mehrere Gewebefäden ausziehen. Auf der linken Stoffseite von links nach rechts nähen. Die Sticknadel mit dem Arbeitsfaden bei A ausstechen und 2–4 freigelegte Fäden aus der Fadenrinne mit dem ersten Stich erfassen. Der zweite Stich (B) erfaßt zwei Gewebefäden unter der Fadenrinne.

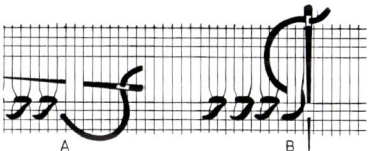

Je nach Stoffqualität und Stäbchengröße einen oder mehrere Gewebefäden ausziehen. Mit dem einfachen Hohlsaumstich (Muster 1) an beiden Rändern der Fadenrinne dieselben freigelegten Fäden bündeln, so daß die Stäbchen parallel zu einander liegen. (Hier wurden 3 Gewebefäden ausgezogen und 3 freigelegte Fäden gebündelt.)

Je nach Stoffstärke 3–5 Gewebefäden ausziehen. Am ersten Rand der Fadenrinne 4 freigelegte Fäden mit dem einfachen Hohlsaumstich (Muster 1) bündeln; beim Zurücknähen am zweiten Rand die Bündel um 2 Fäden versetzen.

Verschränkte Hohlsäume

Dieser Hohlsaumtyp bietet viele Variationsmöglichkeiten. Er kann mit oder ohne Randsicherung genäht werden. Die Ränder werden jedoch häufig durch einfache Hohlsaumstiche gesichert, so daß sich entsprechend lange Stäbchen bilden. Dann werden die Stäbchen mit Hilfe eines durchzuziehenden Fadens verschränkt und zu einem Gitterwerk entwickelt, indem man mit der Sticknadel ein Stäbchen vor das andere schiebt. Der Durchziehfaden gibt den Verschränkungen Halt. Er sollte so lang sein, daß er nicht während der Arbeit verlängert werden muß. – Notfalls kann er durch einen Weberknoten verlängert werden (S.16). Der fertige Hohlsaum ist immer schmaler als die Fadenrinne.

Der verschränkte Gitterhohlsaum läßt sich relativ schnell anfertigen. Er ist dekorativ, hat aber in sich selbst wenig Halt. Deshalb sollte er auf einen festen und dicht gewebten Stoff genäht werden. Dann stabilisiert der Stoff den Hohlsaum.

4.	Hohlsaum
mit ungeteilten Fadenbündeln,
einfach verschränkt

5.	Hohlsaum
mit geteilten Fadenbündeln,
einfach verschränkt

6 Gewebefäden ausziehen. Stäbchenhohlsaum nähen und dabei 3 freigelegte Gewebefäden bündeln. Auf der rechten Stoffseite die Stäbchen verschränken. Von rechts nach links arbeiten. Die Nadel mit dem durchzuziehenden Faden über 2 Stäbchen führen und gleich zurückführen, und zwar unter das zweite (2.) und über das erste (1.) Stäbchen (Zeichnung A); die Nadel in Nährichtung wenden, den Arbeitsfaden durchziehen und anziehen (Zeichnung B). Dadurch schiebt sich Stäbchen 2 über Stäbchen 1.

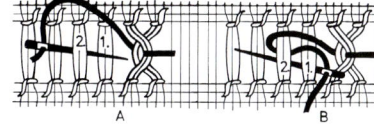

6 Gewebefäden ausziehen, Stäbchenhohlsaum nähen und dabei 4 freigelegte Gewebefäden bündeln. Auf der rechten Stoffseite die geteilten Stäbchen verschränken. Von rechts nach links arbeiten. Die Nadel mit dem durchzuziehenden Faden über die beiden geteilten Stäbchen 1 und 2 führen und dann unter das geteilte Stäbchen 2 und über das geteilte Stäbchen 1 (A) zurückführen. Die Nadel in Nährichtung drehen, den Arbeitsfaden durchziehen und anziehen (B). Dadurch schiebt sich 2 über 1.

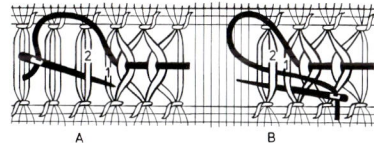

6. Hohlsaum
   mit zwei ungeteilten und
   zwei geteilten Fadenbündeln,
   einfach verschränkt

7. Hohlsaum mit vier
   ungeteilten Fadenbündeln,
   paarweise einfach verschränkt

8. Hohlsaum mit ungeteilten
   Fadenbündeln, in zwei Reihen
   einfach verschränkt
   und in der zweiten Reihe
   um ein Bündel versetzt

9. Hohlsaum mit ungeteilten
   Fadenbündeln, in zwei Reihen
   doppelt verschränkt
   und in der zweiten Reihe
   um zwei Bündel versetzt

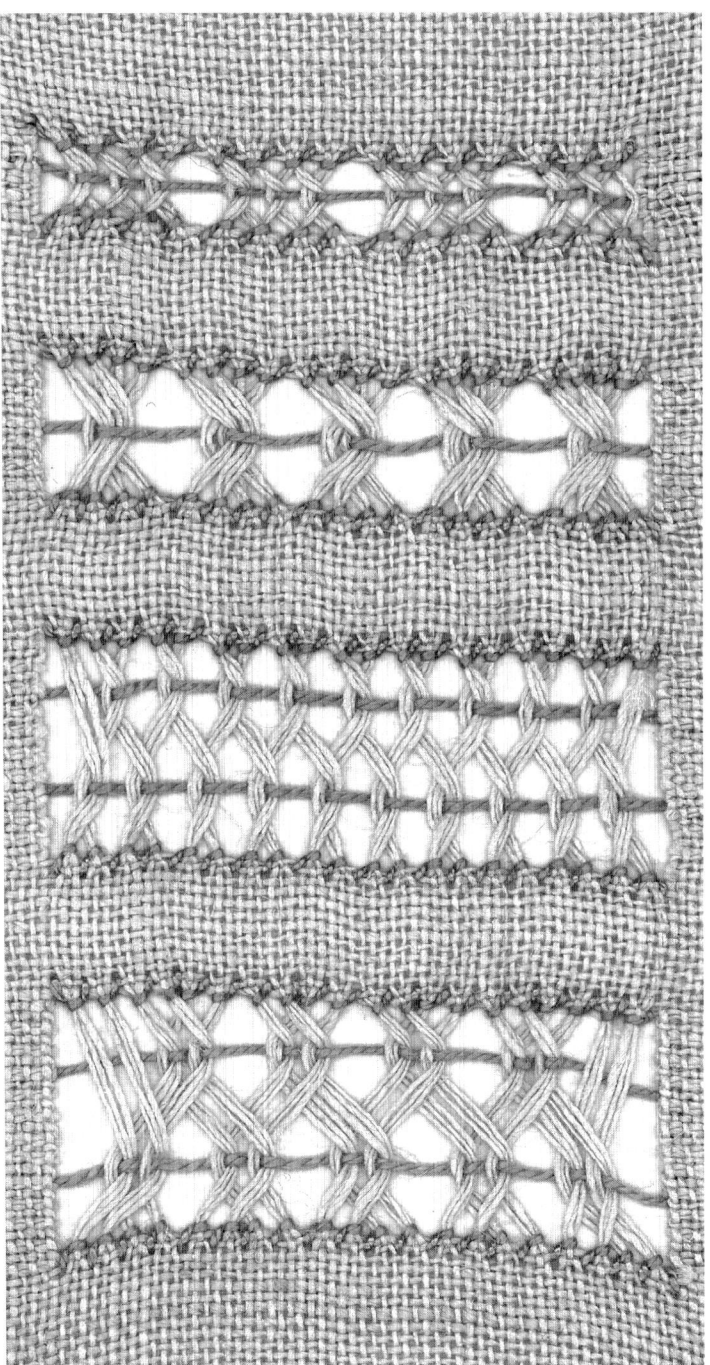

8 Gewebefäden ausziehen. Stäbchenhohlsaum nähen und dabei 4 freigelegte Fäden bündeln. Beim Verschränken auf der rechten Stoffseite von rechts nach links arbeiten. Jeder Musterrapport besteht aus 4 Stäbchen. Die beiden äußeren bleiben ungeteilt, die mittleren werden geteilt. Zur Nadelführung beim Verschränken siehe Muster 4 und 5.

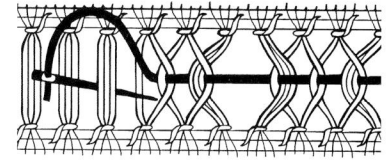

14 Gewebefäden ausziehen. Stäbchenhohlsaum nähen und dabei 4 freigelegte Fäden bündeln. Beim Verschränken auf der rechten Stoffseite von rechts nach links arbeiten. Die Nadel mit dem durchzuziehenden Faden über vier Stäbchen führen und gleich unter das dritte und vierte Stäbchen (3., 4.) und über das erste und zweite Stäbchen (1., 2.) zurückführen; die Nadel in Nährichtung drehen, den Arbeitsfaden durchziehen und anziehen. Dadurch schieben sich die Stäbchen 3 und 4 über 1 und 2 (vgl. S. 36, Muster 4).

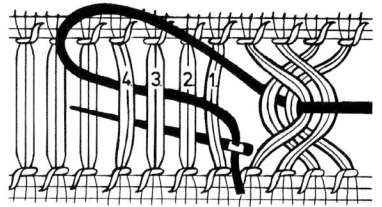

20 Gewebefäden ausziehen, Stäbchenhohlsaum nähen und dabei 3 freigelegte Fäden bündeln. Ein Musterrapport besteht aus 3 Stäbchen. Die einzuziehenden Fäden jeweils 1/3 vom oberen bzw. vom unteren Hohlsaumrand einsetzen. Den ersten Faden durchziehen, wie in der Abbildung zu Muster 4 (S. 37) gezeigt. Den zweiten Durchziehfaden um ein Stäbchen versetzen und ebenso durcharbeiten.

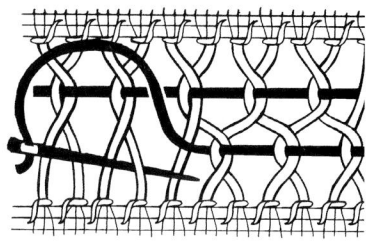

24 Gewebefäden ausziehen, Stäbchenhohlsaum nähen und dabei 3 freigelegte Fäden bündeln. Ein Musterrapport besteht aus 6 Stäbchen. In der ersten Reihe wird das 3. Bündel mit dem 1. Bündel und das 4. Bündel mit dem 2. Bündel verschränkt. In der zweiten Reihe wird der Arbeitsgang der ersten Reihe um zwei Stäbchen versetzt gearbeitet.

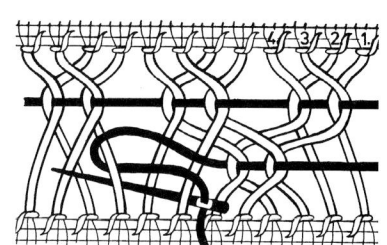

10. Appenzeller Hohlsaum

11. Appenzeller Hohlsaum,
    erweitert

12. Doppelter Hohlsaumstich

13. Doppelter Hohlsaumstich
    im Zickzack-Muster

14. Hohlsaum, gebildet
    durch Schlingknotenstiche

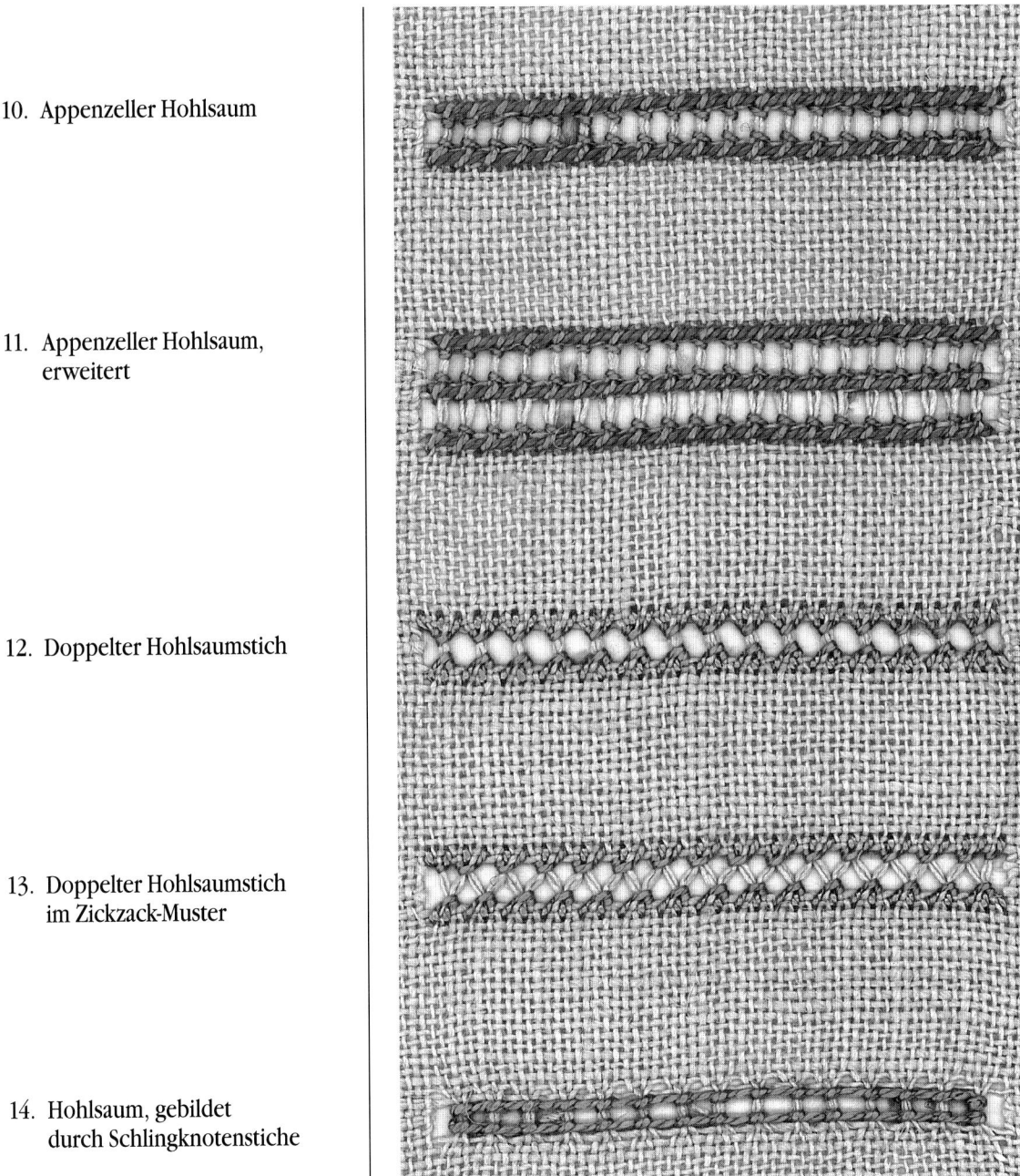

Es handelt sich um einem Stäbchenhohlsaum, der auf der rechten Stoffseite von links nach rechts genäht wird. Dabei wird den einfachen Hohlsaumstichen ein kräftiger Faden unterlegt. 3 Gewebefäden ausziehen und die einfachen Hohlsaumstiche über 3 freigelegte Fäden nähen.

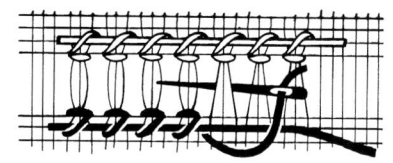

Diese Variante wird Reihe für Reihe erweitert. Zuerst 3 Gewebefäden ausziehen und wie oben (Muster 10) beschrieben nähen. Im direkten Anschluß daran 3 weitere Gewebefäden ausziehen und die nächste Reihe nähen. In dieser Weise fortfahren bis zur gewünschten Breite.

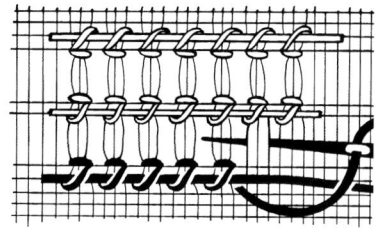

Der Stich wird über eine gerade Fadenzahl genäht. 3 Gewebefäden ausziehen und den Stich über 4 freigelegte Gewebefäden arbeiten. Auf der linken Stoffseite von links nach rechts nähen. Ein doppelter Hohlsaumstich besteht aus zwei einfachen Hohlsaumstichen (S. 34, Muster 1). Der erste Stich bündelt 2 freigelegte Gewebefäden (1.); der zweite Stich bündelt die Fäden des ersten Stiches plus zwei weitere freigelegte Fäden (2.).

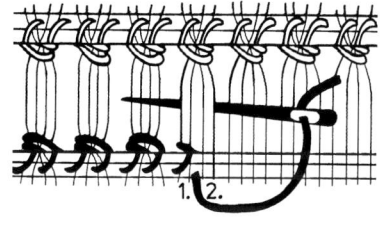

4 Gewebefäden ausziehen und den doppelten Hohlsaumstich über 4 freigelegte Gewebefäden bündeln. Beim zweiten Rand die Bündel um 2 Fäden versetzen (S. 34, Muster 3).

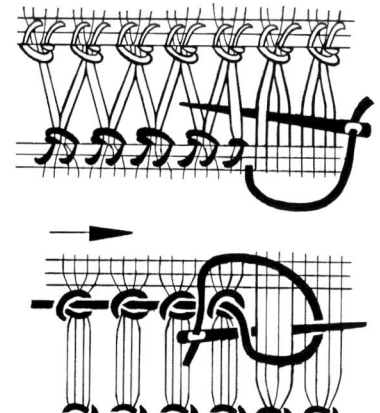

3 Gewebefäden ausziehen. Auf der rechten Stoffseite und in der Fadenrinne die Schlingknotenstiche von oben nach unten sticken. Die freigelegten Fäden liegen beim Sticken waagerecht, jeder Schlingknotenstich bündelt vier Fäden. Die Pfeile zeigen die Nährichtung.

41

15. Gitterwerk

16. Zwei Fadenbündel,
    mit Schlingknotenstich
    zu einem Gitterwerk
    zusammengeschnürt

17. Hohlsaum mit
    Schlingknotenborte/
    Gitterwerk

18. Hohlsaum mit zwei
    Schlingknotenborten/
    Gitterwerk und
    mit geteilten Fadenbündeln,
    einfach verschränkt
    in der Mittelpartie

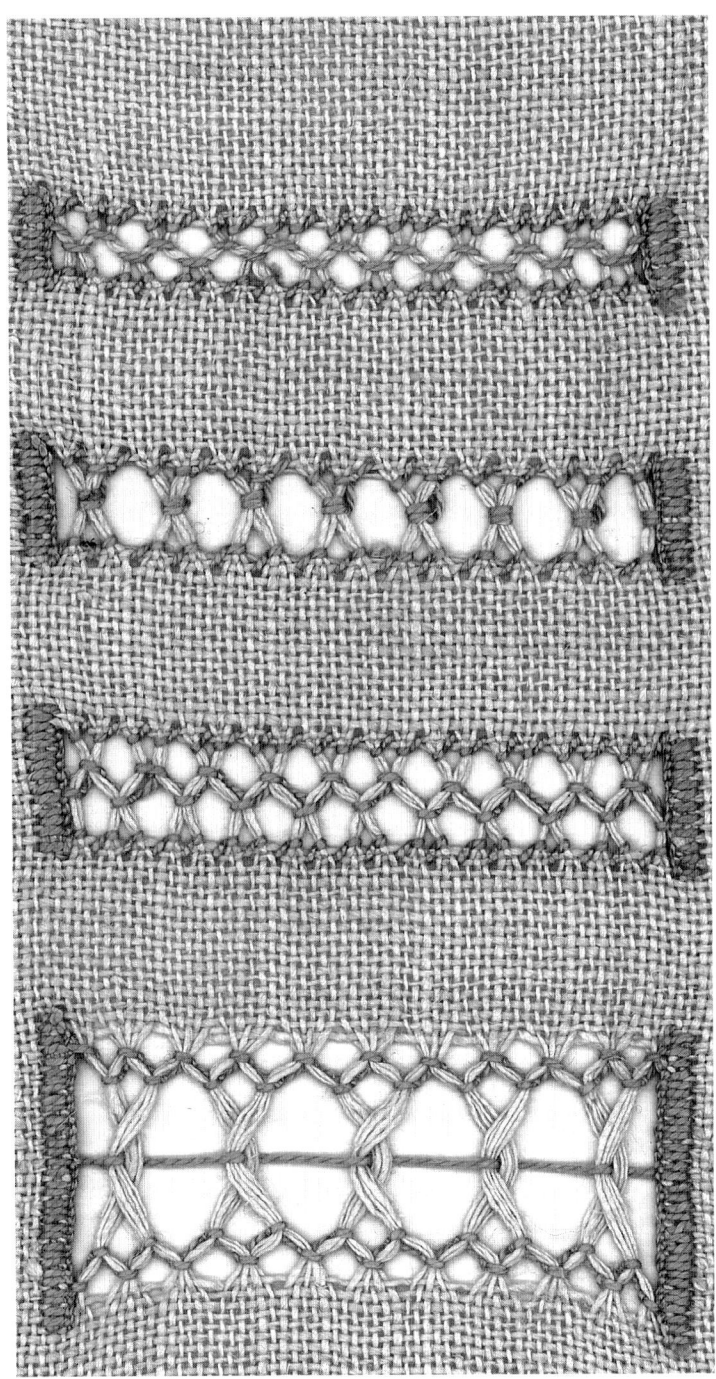

6 Gewebefäden ausziehen. Stäbchenhohlsaum (S. 34, Muster 2) nähen und dabei 3 freigelegte Fäden bündeln. Auf der rechten Stoffseite die Stäbchen zu einem Gitterwerk verbinden: Den Durchziehfaden von links nach rechts arbeiten. Die Stiche gehen jeweils über zwei Stäbchen vorwärts und unter das zweite Stäbchen zurück (1., 2.). Bei dem unten liegenden Stich (A) liegt der Arbeitsfaden unter, bei dem oben liegenden über der Sticknadel. – Die Stiche gut anziehen und während der Arbeit möglichst festhalten.

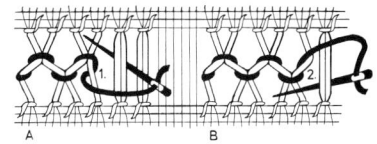

Der abgeknotete Hohlsaum

Bei diesem Hohlsaumtyp entstehen aus freigelegten Fäden bzw. langen Stäbchen durch Schlingknotenstiche Gitterwerke. Er ist schmaler als die Fadenrinne, aber fester als der verschränkte Hohlsaum.

8 Gewebefäden ausziehen. Auf der linken Stoffseite von links nach rechts nähen. Am ersten Rand einfache Hohlsaumstiche nähen und dabei 3 freigelegte Fäden bündeln. Am anderen Rand gleichzeitig mit dem Bündeln der Stäbchen die kreuzartige Musterung einarbeiten. Zuerst einen einfachen Hohlsaumstich, dann auf halber Stäbchenhöhe einen Schlingknotenstich um 2 Bündel nähen (1.). Beim Zurückführen des Arbeitsfadens zum Rand einen zweiten Schlingknotenstich um das 2. Bündel und den soeben zur Mitte geführten Arbeitsfaden (2.) nähen. Danach den Arbeitsfaden zum Ausgangspunkt der nächsten Stichkombination bringen. Die Schlingknotenstiche fest anspannen. Der Hohlsaum ist für glatte Materialien ungeeignet.

10 Gewebefäden ausziehen. Stäbchenhohlsaum nähen und dabei 3 freigelegte Fäden bündeln. Die Zickzackborte mit Schlingknotenstichen auf der linken Stoffseite nähen. Die Schlingknoten von oben nach unten nähen; dabei liegen die Stäbchen waagerecht. Die Knoten wechselweise links und rechts herum nähen.

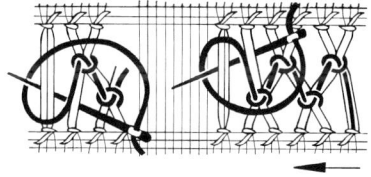

26 Gewebefäden ausziehen. Die Ränder sind nicht eingefaßt. Nahe den beiden Rändern Zickzackborte wie bei Muster 17 nähen, dabei 4 oder 6 freigelegte Fäden mit dem Schlingknotenstich umfassen. Die langen Bündel der Mittelpartie teilen und einfach verschränken. Siehe auch Muster 5 (S. 36).

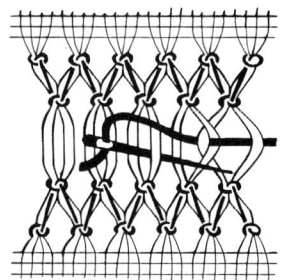

19. Stäbchen,
    durch Schlingknotenstiche
    mit einem sichtbaren
    Mittelfaden zu
    Gitterwerk zusammengefaßt

20. Gitterwerk wie 19
    mit umwickeltem Mittelfaden
    und Schlingknoten

21. Stäbchen
    durch Schlingknotenstiche
    und mit Mittelfäden,
    in zwei Reihen
    zu Gitterwerk
    zusammengefaßt

22. Gitterwerk
    im Zickzack-Muster,
    entwickelt
    durch Schlingknoten-
    und Wickelstiche

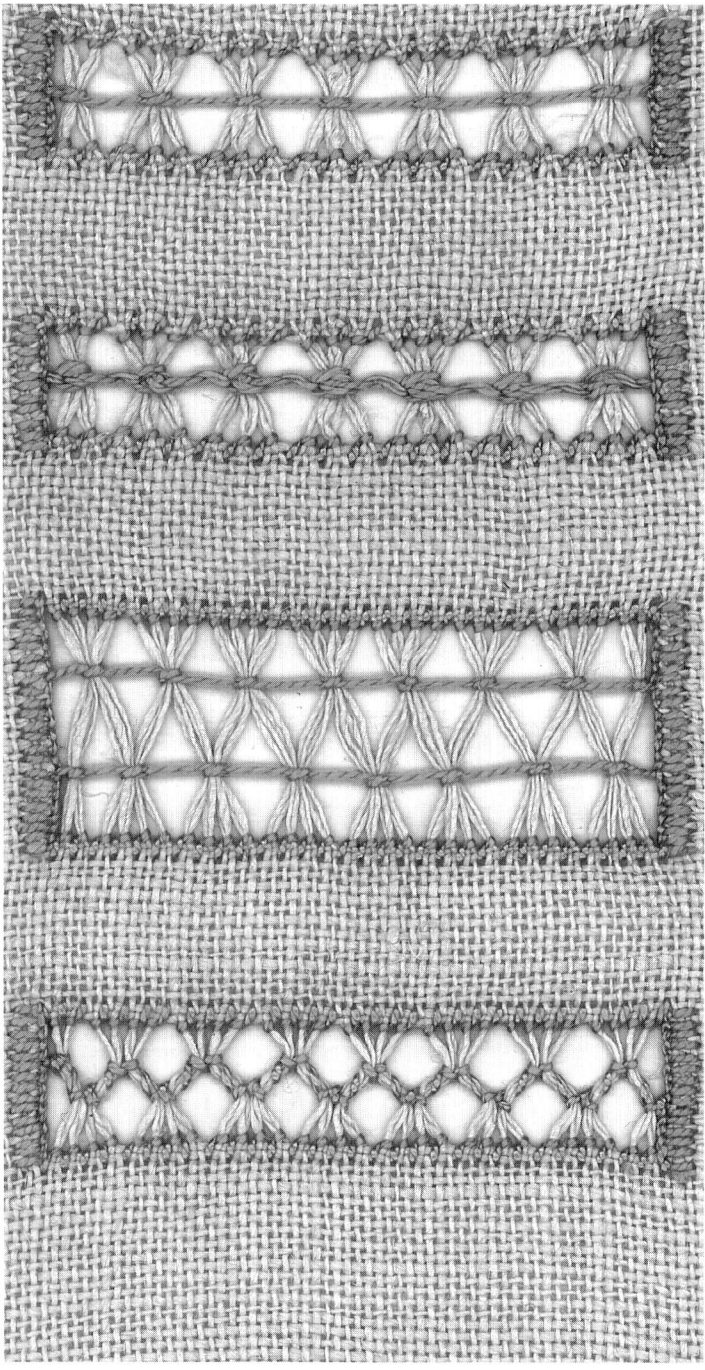

10 Gewebefäden ausziehen, Stäbchenhohlsaum nähen und dabei 3 freigelegte Fäden erfassen. Dann mit dem Mittelfaden und dem Schlingknotenstich drei Stäbchen zusammenfassen. Auf der rechten Seite von oben nach unten nähen.

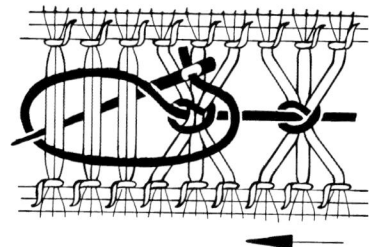

Den Hohlsaum 19 nähen. Dann den Mittelfaden und die Schlingknoten von rechts nach links umwickeln; der Arbeitsfaden muß dabei über den Stäbchen und unter dem Mittelfaden geführt werden.

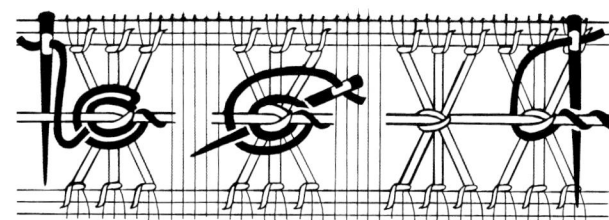

20 Gewebefäden ausziehen. Stäbchenhohlsaum nähen und dabei zwei freigelegte Fäden erfassen. Auf der rechten Stoffseite von oben nach unten – die Stäbchen liegen dabei waagerecht – die Mittelfäden nähen und dabei 4 Stäbchen mit dem Schlingknotenstich erfassen. In der zweiten Reihe den Anfang um zwei Stäbchen versetzen. Die Mittelfäden können hin und her genäht werden, wenn die Arbeit bei der zweiten Reihe gedreht wird. Der Hohlsaum kann auch verbreitert werden, indem noch eine oder mehrere Mittelfäden eingearbeitet werden. Entsprechend muß die Fadenrinne verbreitert werden.

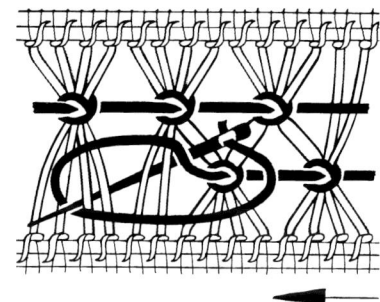

Variante: Den Hohlsaum über vier freigelegte Fäden nähen und zwei Stäbchen mit dem Mittelfaden erfassen (nicht abgebildet).

12 Gewebefäden ausziehen, Stäbchenhohlsaum nähen und dabei 2 freigelegte Fäden bündeln. Auf der rechten Seite Schlingknoten- und Wickelstiche nähen. Der Schlingknotenstich umfaßt 4 Stäbchen (1.). Nach dem Knoten zwei davon zweimal umwickeln (2.). Zwei neue Stäbchen dazunehmen (3.) und um diese 4 Stäbchen einen Schlingknoten nähen (3.).

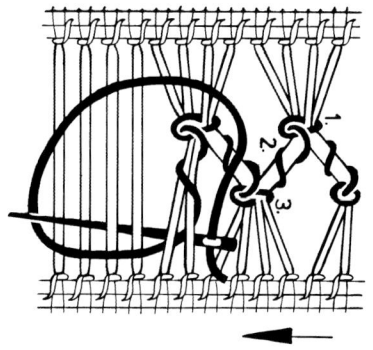

Beim Schlingknotenstich rechts wird der Arbeitsfaden links um die Nadel gelegt, beim Schlingknotenstich links wird der Arbeitsfaden rechts um die Nadel gelegt (siehe auch S. 43, Zeichnung zu Muster 17).

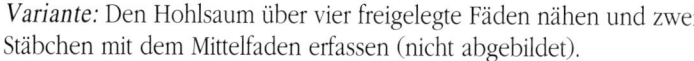

23. Gitterwerk im Karomuster,
    durch Schlingknoten-
    und Wickelstiche entwickelt,
    die Ränder
    mit Schlingknotenstichen
    eingefaßt

24. Gitterwerk
    mit zwei bogenförmigen
    Schlingknotenreihen
    und Mittelfaden,
    die Ränder
    mit Schlingknotenstichen
    eingefaßt

25. Gitterwerk im Zickzackmuster
    mit drei bogenförmigen
    Schlingknotenreihen,
    die Ränder mit
    Schlingknotenstichen
    eingefaßt

26. Gitterwerk in Rautenmuster,
    durch Schlingstiche
    und Schlingknotenstiche
    gearbeitet

14 Gewebefäden ausziehen. Durch Schlingknotenstiche 3 freigelegte Fäden bündeln. Von oben nach unten nähen. Die Stäbchen liegen dabei waagerecht. Das Muster wird in zwei Zickzackreihen genäht (siehe auch S. 44, Muster 22). Den Arbeitsfaden nach den Schlingknotenstichen in der Zickzackreihe gut anziehen. Danach zweimal wickeln. Das Muster kann durch beliebig viele Zickzackreihen erweitert werden.

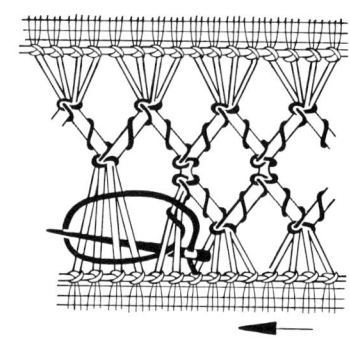

18 Gewebefäden ausziehen. Durch Schlingknotenstiche an den Rändern 3 freigelegte Fäden bündeln. Von oben nach unten nähen. Dabei liegen die Stäbchen waagerecht. Die Schlingknotenstiche des Mittelfadens umfassen jeweils vier Stäbchen. Die Bögen werden durch Schlingknotenstiche an jedem einzelnen Stäbchen (1.) sowie am Mittelfaden geformt. Der Schlingknoten am Mittelfaden wird dann erst ausgeführt, wenn der letzte Arbeitsfaden den Mittelfaden kreuzt (2.).

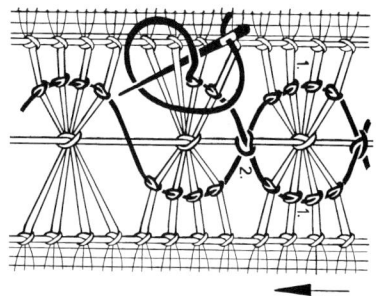

20 Gewebefäden ausziehen. Durch Schlingknotenstiche an den Rändern 2 oder 3 freigelegte Fäden bündeln. Zickzackmuster nähen, wie es die Anleitung zu Muster 22 (S. 45) beschreibt. Danach die bogenförmigen Schlingknotenreihen nähen (siehe auch Muster 24). Die erste Reihe bei 1 anfangen und danach die Reihen 2 und 3 nähen.

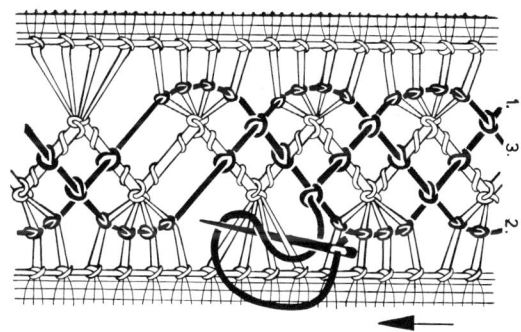

26 Gewebefäden ausziehen. Mit einfachem Hohlsaumstich 2 freigelegte Fäden bündeln. Rautenmuster von oben nach unten nähen, und zwar erst die linke Seite, dann die rechte. Die Stäbchen liegen beim Nähen waagerecht. Die Schlingknotenstiche (siehe S. 40, Muster 14) werden dort ausgeführt, wo sechs Stäbchen zusammengefaßt werden (1.). Über die dazwischenliegenden drei Bündel werden die Schlingstiche genäht (2.).

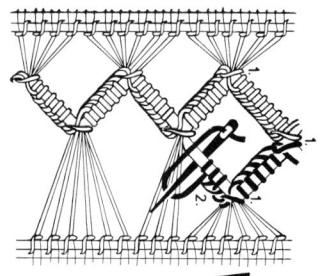

27. Zahnschnittrand

28. Gezählter Plattstich

29. Belgischer Spitzenstich

Die Muster 27 bis 37 führen Zierstiche vor, die geeignet sind, Hohlsaumränder zu festigen, Hohlsaumborten zu bilden – allein, in Kombination miteinander oder im Zusammenspiel mit anderen Hohlsaumstichen.

1 Gewebefaden ausziehen. Über der Fadenrinne auf der rechten Stoffseite von rechts nach links nähen. Den ersten Stich bei 1 anfangen. Er liegt senkrecht auf dem Stoff und umfaßt 2 oder 3 Gewebefäden. Der zweite Stich 2 liegt schräg auf dem Stoff und geht über 3–4 Fäden in der Breite. Dieser Stich wird am Rand eines Hohlsaumes genäht und dient als Rahmen.

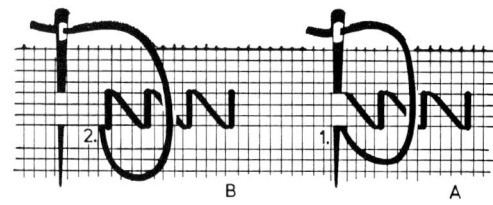

1 (3) **1** Gewebefäden auszuziehen. Auf der rechten Stoffseite von rechts nach links nähen. Die Stiche liegen senkrecht auf dem Gewebe, also parallel zu den Gewebefäden; so können sie über 2 oder mehr Gewebefäden genäht werden.

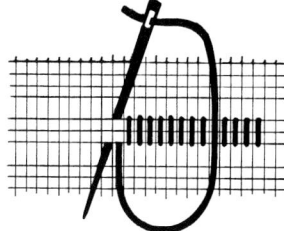

1 (4) **1** Gewebefäden auszuziehen. Auf der rechten Stoffseite von links nach rechts nähen. Auf der rechten Stoffseite liegen jeweils 2 Stiche übereinander; auf der linken Stoffseite liegen die waagerechten Stiche doppelt und die diagonalen einfach.

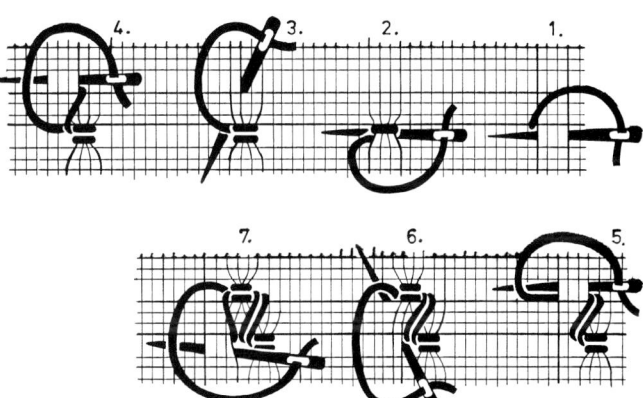

30. Kästchenstich I

31. Kästchenstich II

32. Festonstichrand

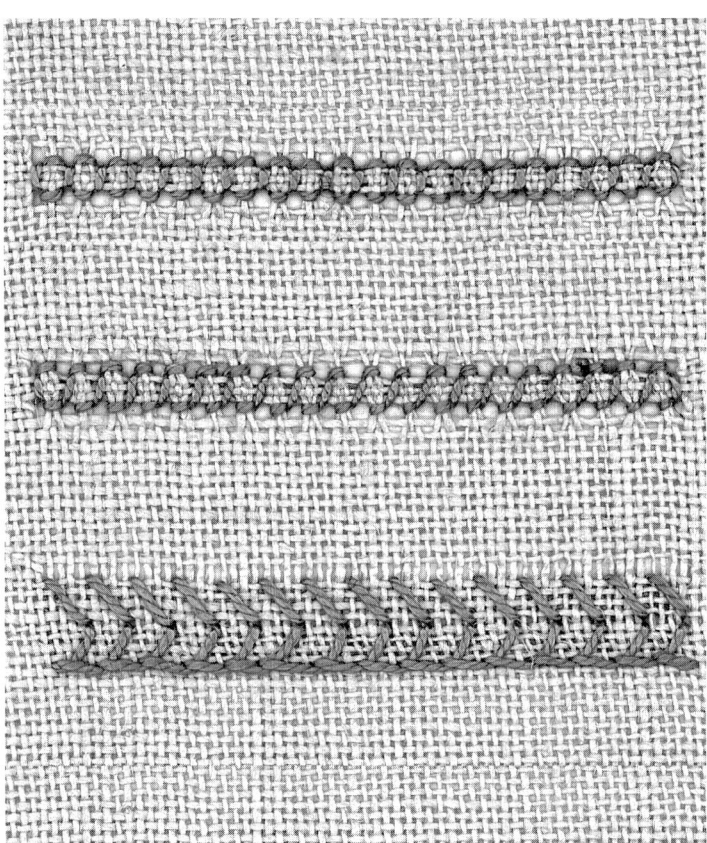

1 (3) 1 Gewebefäden ausziehen. Auf der rechten Stoffseite von oben nach unten nähen. Die freigelegten Fäden liegen bei der Arbeit waagerecht. Die Kästchenstiche werden um den zwischen den beiden Fadenrinnen liegenden Stoffsteg genäht. Der erste Stich beginnt bei 1. In der Reihe besteht die Stichkombination aus 3 Stichen. Stich 1 dient auch als abschließender Stich. Auf der Rückseite liegen alle Stiche diagonal.

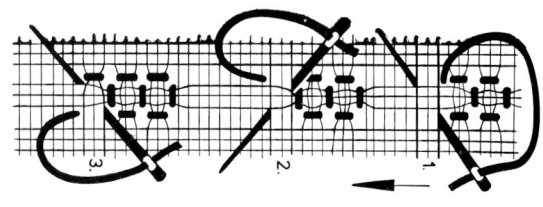

1 (3) 1 Gewebefäden ausziehen. Auf der rechten Stoffseite von oben nach unten nähen. Die freigelegten Fäden liegen bei der Arbeit waagerecht. Die Kästchenstiche werden um den zwischen den beiden Fadenrinnen liegenden Stoffsteg genäht. Der erste Stich beginnt bei 1. In der Reihe besteht die Stichkombination aus 3 Stichen. Stich 1 dient auch als abschließender Stich. Auf der Rückseite bilden die Stiche ein „N".

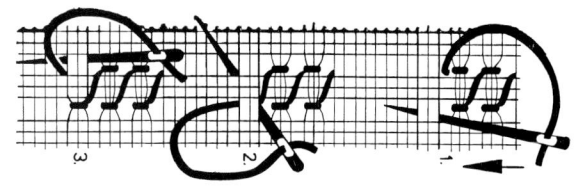

Der Festonstichrand dient als Randabschluß eines Hohlsaumes, vorwiegend auf feinem Gewebe. Eine Reihe halbe Kreuzstiche von rechts nach links über 4 x 4 Gewebefäden am Rande der Fadenrinne nähen. Die zweite, darunterliegende Reihe besteht aus schräg genähten Festonstichen – auch diese über 4 x 4 Gewebefäden, aber von links nach rechts nähen.

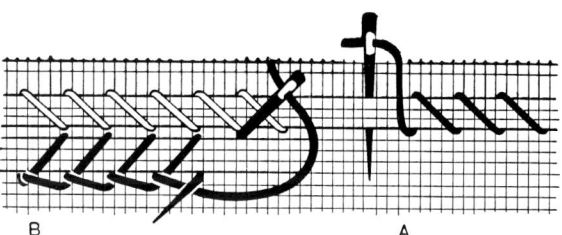

33. Hexenstich

34. Hexenstich

35. Zackenstich

36. Zickzackstich

37. Waffelstich

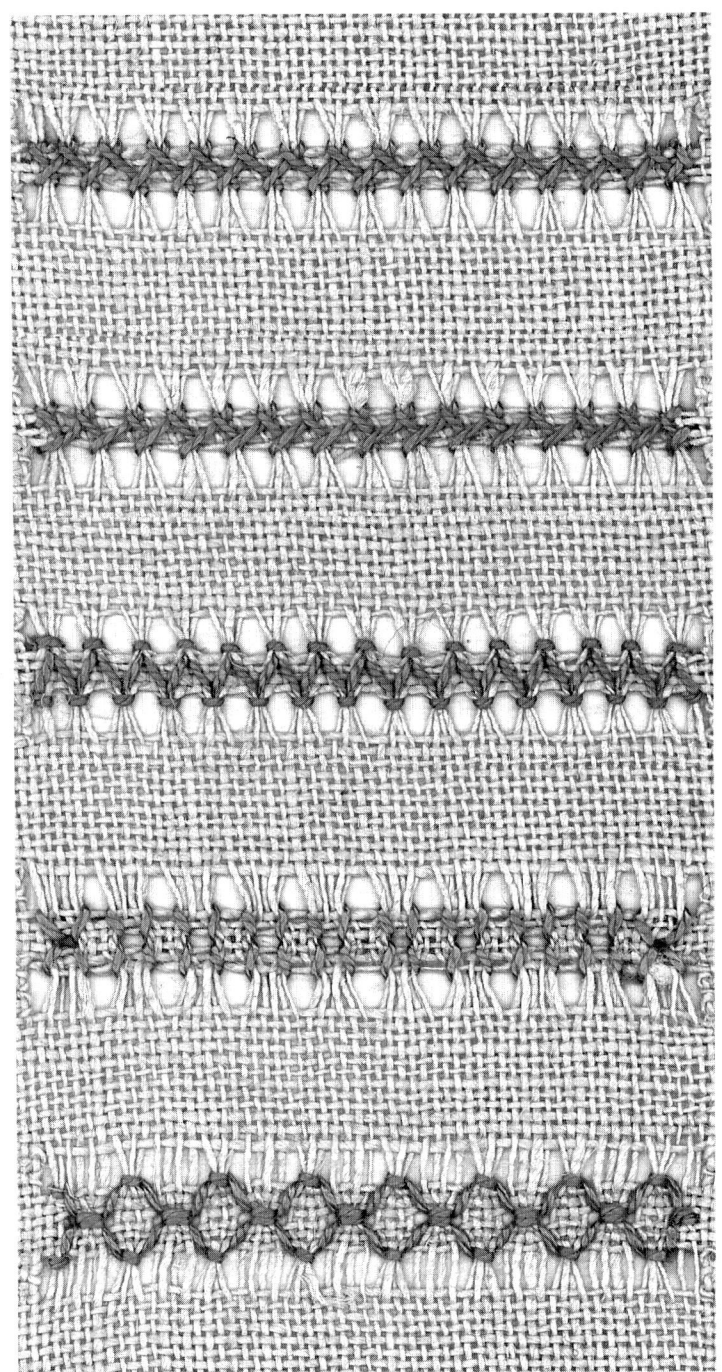

3 (4) 3 Gewebefäden ausziehen. Auf der rechten Stoffseite über dem Stoffsteg von links nach rechts nähen und bei jedem Stich 4 freigelegte Fäden bündeln (Zeichnung A).

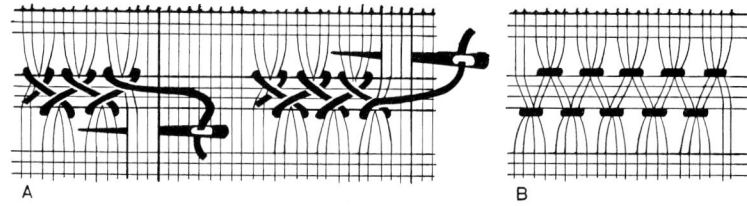

Manchmal werden die Hexenstiche auf der linken Stoffseite genäht. Dann liegen auf der rechten Stoffseite die Stiche in zwei parallelen Reihen versetzt (Zeichnung B).

3 (4) 3 Gewebefäden ausziehen. Auf der rechten Stoffseite über dem Stoffsteg von links nach rechts nähen und bei jedem Stich 4 freigelegte Fäden bündeln (Zeichnung A).

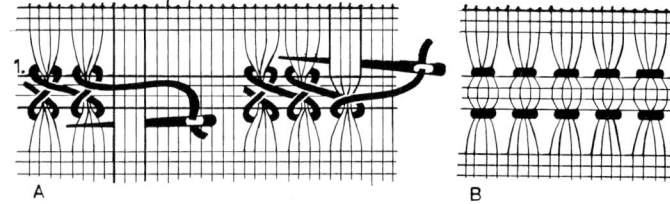

Werden die Hexenstiche auf der linken Stoffseite genäht, dann liegen beim Hexenstich nach Muster 34 die Stiche auf der rechten Stoffseite einander in zwei parallelen Reihen gegenüber.

3 (4) 3 Gewebefäden ausziehen. Die Zackenstiche auf der rechten Stoffseite von links nach rechts über den 4-fädigen Stoffsteg nähen.

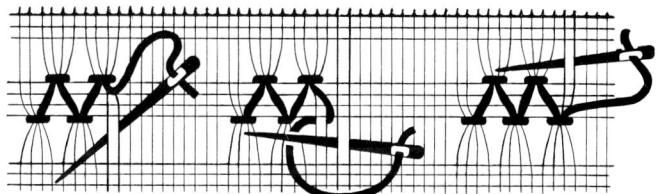

3 (6) 3 Gewebefäden ausziehen. Das Muster auf der rechten Seite in zwei Reihen jeweils von rechts nach links über den Stoffsteg nähen. Nach der ersten Reihe die Arbeit wenden, und die zweite Reihe direkt im Anschluß an die erste nähen. Bei 1 anfangen, von 2 bis 3 durchstechen (A). Der zweite Stich geht von 1 bis 4 (B).

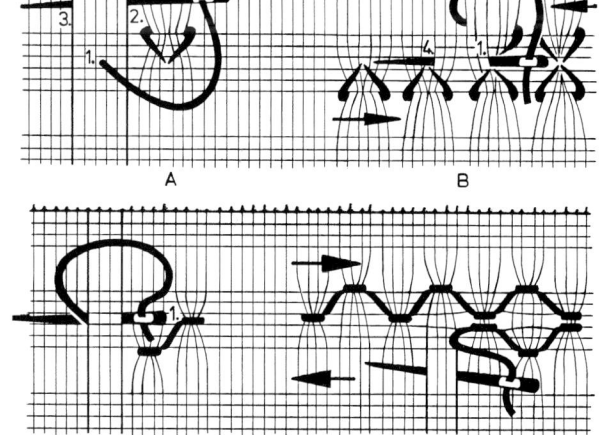

3 (6) 3 Gewebefäden ausziehen. Das Muster auf der rechten Seite in zwei Reihen jeweils nach links über den Stoffsteg nähen. Nach der ersten Reihe die Arbeit wenden, und die zweite Reihe direkt im Anschluß an die erste nähen. Bei 1 Nadel ausstechen. Alle Stiche in der Mitte des Stoffsteges und an den Fadenrinnen sind Rückstiche.

38. Kästchenhohlsaum
    mit Gitterwerk I

39. Kästchenhohlsaum
    mit Gitterwerk II

40. Kästchenhohlsaum
    mit Gitterwerk III

41. Kästchenhohlsaum I
    + Kästchenhohlsaum,
    in schrägen Reihen gearbeitet
    + kleine Sternstiche

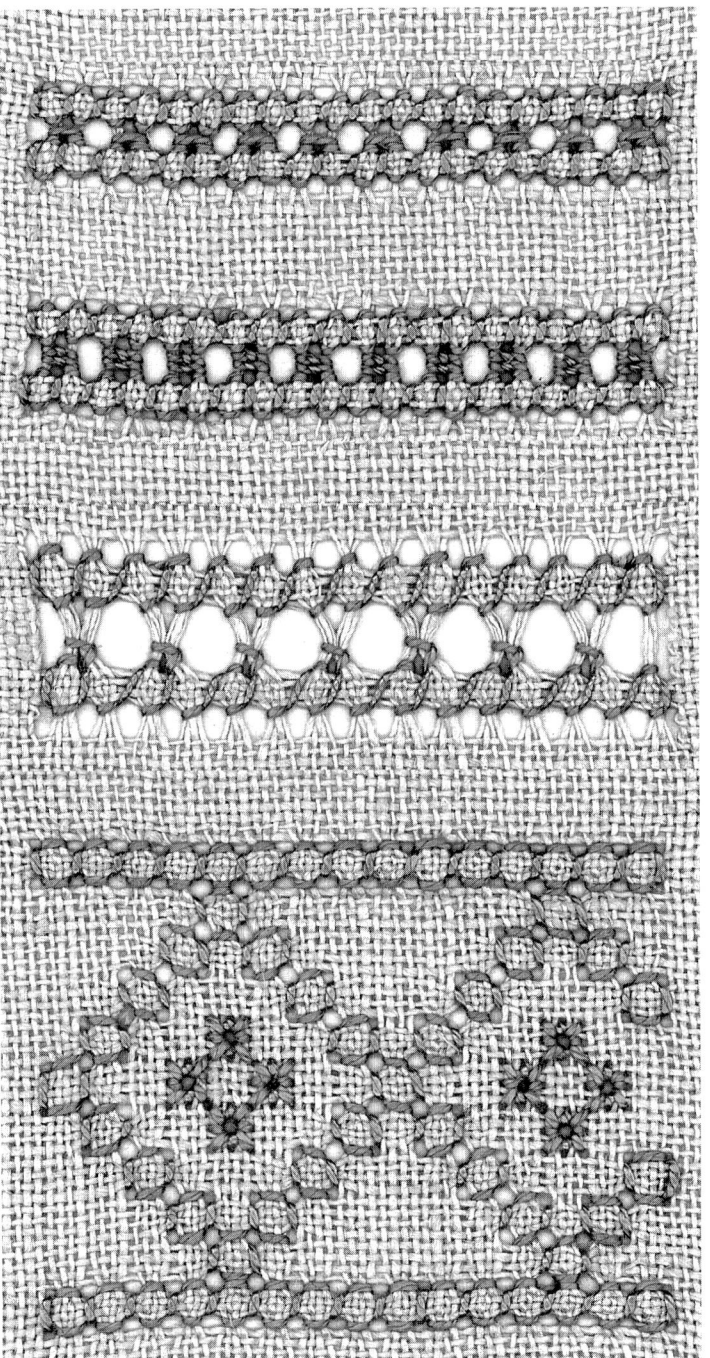

1 (3) **2** (3) **1** Fäden ausziehen. Das Muster wird auf der rechten Stoffseite in zwei Reihen von oben nach unten genäht. Kästchenstich I (S. 50, Muster 30) über 3 Stofffäden am rechten Rand nähen. Bei der zweiten Reihe am linken Rand die in der

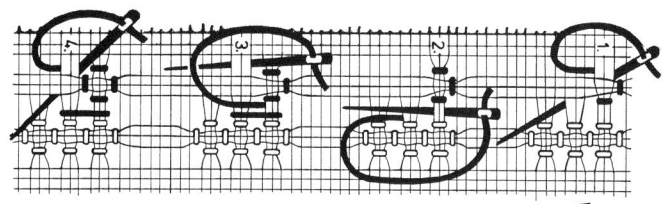

Mitte freigelegten Fäden umnähen. Die ersten zwei Stiche wie Kästchenstich II (S. 50, Muster 31) anfangen. Die weiteren Arbeitsschritte zeigt die Zeichnung.

1 (3) **3** (3) **1** Fäden ausziehen. Das Muster wird auf der rechten Stoffseite in 2 Reihen von oben nach unten genäht: Kästchenstich I (S. 50, Muster 30) über 3 Stofffäden am rechten Rand nähen. Bei der zweiten Reihe am

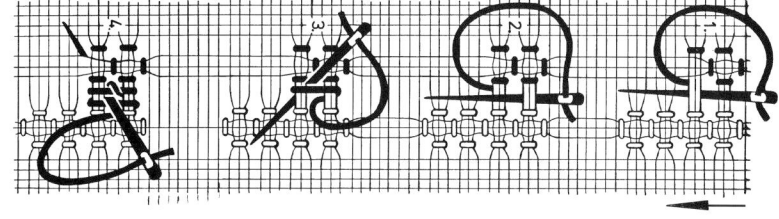

linken Rand werden die in der Mitte freigelegten Fäden umnäht. Mit Kästchenstich I beginnen. Alles Weitere zeigt die Zeichnung. Die Reihe mit einem Stich von links nach rechts schließen.

2 (4) **6** (4) **2** Gewebefäden ausziehen. Der Hohlsaum wird auf der rechten Stoffseite in zwei Reihen von oben nach unten genäht. Zuerst Kästchenstich II (S. 50, Muster 31) über 4 Fäden am rechten Rand nähen. Bei der zweiten Reihe am linken Rand werden die in der Mitte freigelegten Fäden umnäht. Mit einem Kästchenstich II anfangen. Die weiteren Arbeitsschritte zeigt die Zeichnung. Die Reihe über die 4 Stoffäden von links nach rechts beenden.

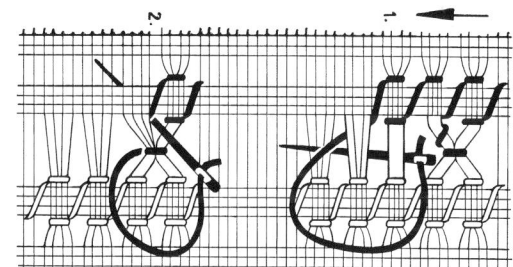

Die Borte geht über 40 Gewebefäden. Es werden keine Fäden aus dem Gewebe gezogen. Die Arbeitszeichnung zeigt das Muster. Der Kästchenhohlsaum in schrägen Reihen hat auf der Rückseite parallel liegende Stiche. Die Sternstiche von der Mitte nach außen nähen. In der Mitte entsteht ein Loch (siehe S. 50, Muster 30: Kästchenstich I).

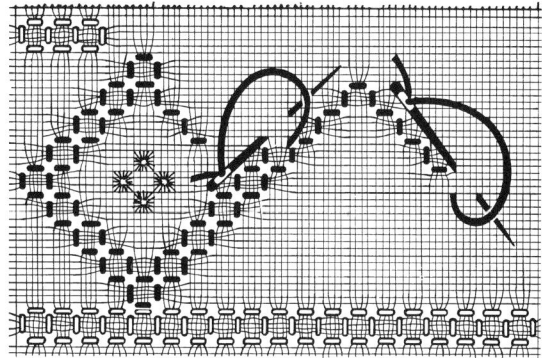

42. Hohlsaum,
    aus einfachen
    Hohlsaumstichen
    und Kästchenstich II
    entwickelt

43. Hohlsaum,
    aus Kästchenstich I
    und gezähltem Plattstich
    entwickelt

44. Gitterwerk,
    in zwei Reihen zu nähen

45. Gitterwerk
    in versetzten Reihen

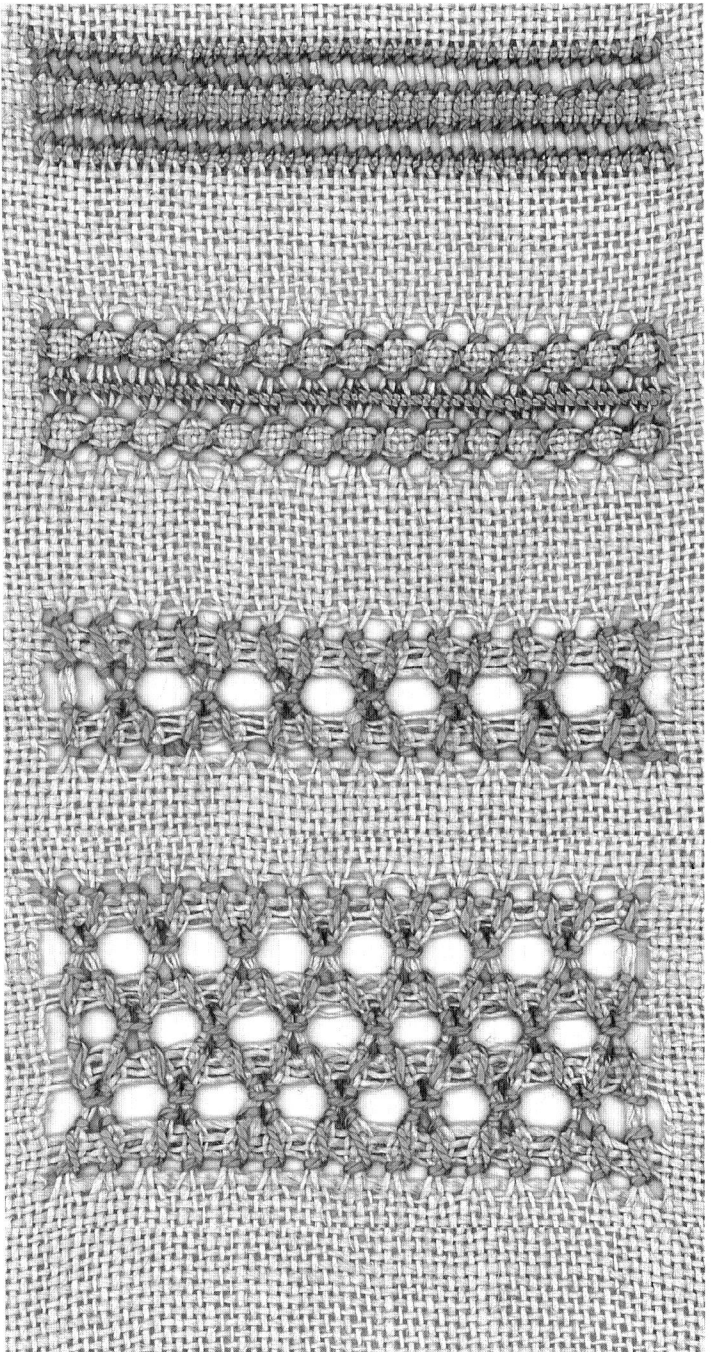

2 (4) **2** Gewebefäden ausziehen. An den beiden äußeren Rändern einfachen Hohlsaum (S. 34, Muster 1) auf der linken Stoffseite über 2 Gewebefäden nähen. Auf der rechten Stoffseite über den mittleren Stoffsteg Kästchenstich II (S. 50, Muster 31) nähen. Der Stich geht über 2 Gewebefäden in der Tiefe und 4 in der Breite.

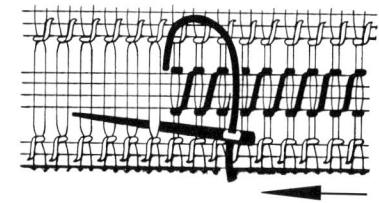

Zwei Reihen Kästchenstiche (S. 50, Muster 30) werden von einer Reihe gezählter Plattstiche (S. 48, Muster 28) unterteilt. **1** (4) **1** (2) **1** (4) **1** Gewebefäden ausziehen. Den Kästchenstich über 4 x 4 Fäden nähen und den gezählten Plattstich über 2 Fäden. Auf der rechten Stoffseite nähen.

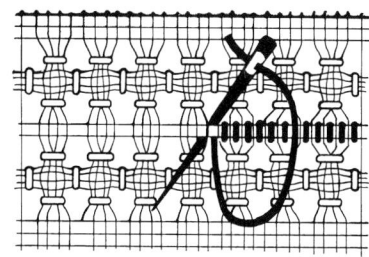

1 (4) **4** (4) **1** Gewebefäden ausziehen. Auf der rechten Stoffseite von oben nach unten nähen. Die freigelegten Fäden liegen bei der Arbeit waagerecht. Am linken Rand bei 1 die erste Reihe anfangen: Einen Rückstich über 4 Fäden, einen Überwendlingstich nach rechts (2.) und einen Rückstich über 4 Fäden (3.) nähen. – Die zweite Reihe am rechten Rand

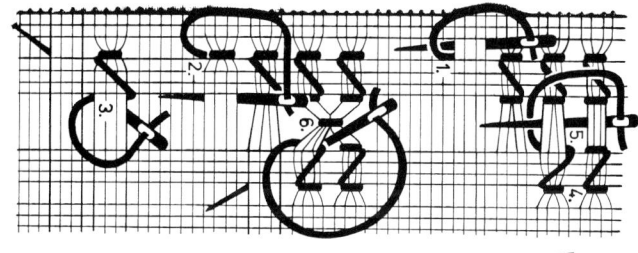

beginnt bei 4. Die Stiche werden spiegelverkehrt zur ersten Reihe genäht. Bei jeder zweiten Stichkombination werden zwei Fadenbündel aus der Fadenrinne zum Gitterwerk vernäht (5. und 6.).

Dieses Muster geht über 30 Gewebefäden; **1** (4) **4** (4) **4** (4) **4** (4) **1** Gewebefäden ausziehen. Das oben beschriebene Muster (44) wird Reihe für Reihe versetzt genäht, so daß Diagonalen entstehen. Es läßt sich beliebig erweitern.

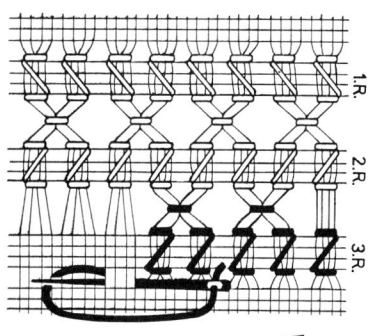

57

46. Kettenstichhohlsaum

47. Kettenhohlsaum

48. Rosengrund

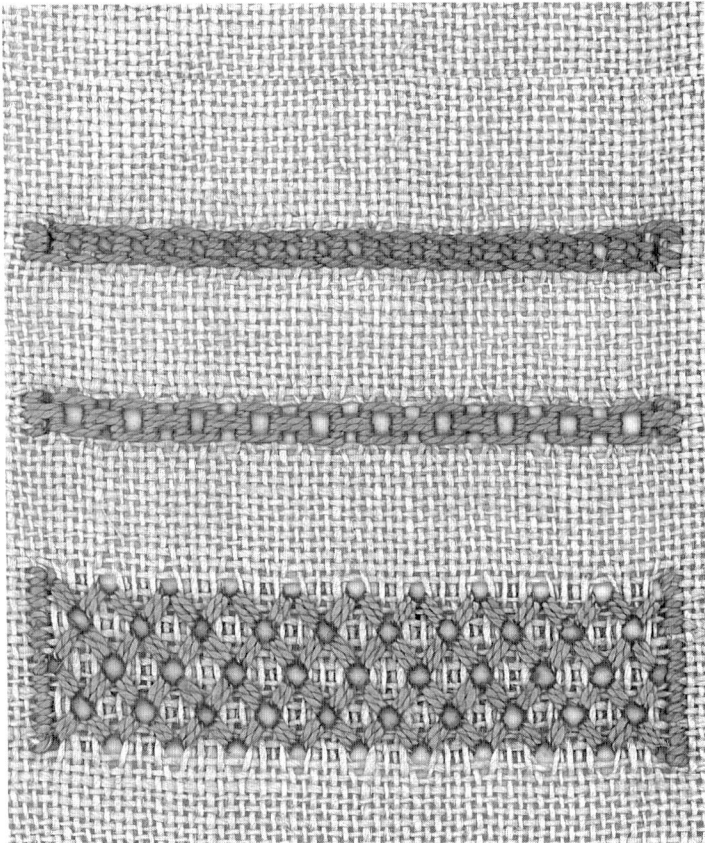

Das Muster wird Reihe für Reihe von rechts nach links genäht. Die Gewebefäden – 6 (2) 6 (2) 6 usw. – werden Reihe für Reihe, immer nachdem die vorhergehende Reihe fertiggestickt ist, ausgezogen. Der Arbeitsfaden sollte feiner sein als die Gewebefäden. Die erste Reihe des Hohlsaumes mit einfachen Hohlsaumstichen auf der linken Stoffseite nähen und dabei 4 Gewebefäden bündeln. Die letzte Reihe des Hohlsaumes ebenfalls mit einfachen Hohlsaumstichen auf der linken Stoffseite beenden, dabei mit einfachen Hohlsaumstichen die Bündel, so wie sie im Muster erscheinen, erfassen, d. h. ein Fadenbündel kann aus 4, 6 oder 8 Gewebefäden bestehen. Die Stichkombination des Hohlsaummusters – 3 Stiche – wird auf der rechten Stoffseite genäht.

3 Gewebefäden ausziehen. Gearbeitet wird auf der rechten Stoffseite. Die freigelegten Fäden liegen dabei waagerecht. Erst die linke Seite von oben nach unten nähen; die Arbeit um 180° drehen und die andere Seite ebenso nähen. Die Kettenstiche gehen über 3 freigelegte Fäden. Den Arbeitsfaden nicht zu fest anziehen.

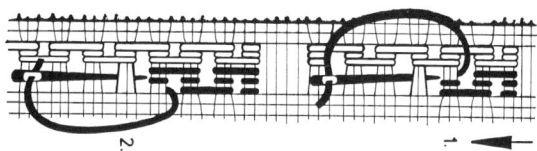

Dieses Muster geht über 17 Gewebefäden; 1 (3) 1 (3) 1 (3) 1 (3) 1 Gewebefäden ausziehen. Auf der rechten Seite in Reihen von oben nach unten nähen. Es kann auch hin und her genäht werden. – Die Stichfolge der 1. Reihe und aller ungeraden Reihen: Die Nadel mit dem Arbeitsfaden bei A ausstechen. 1. Stich: von 1 bis A durchstechen; 2. Stich: von 1 bis 2 durchstechen; 3. Stich: von A bis 2 durchstechen; 4. Stich: von A bis 3 durchstechen. Die Stichfolge der 2. Reihe und aller geraden Reihen:

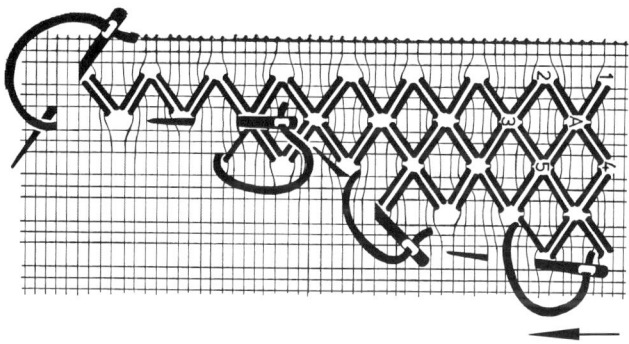

Die Nadel mit dem Arbeitsfaden bei A ausstechen. 1. Stich: von 4 bis A durchstechen; 2. Stich: von 4 bis 5 durchstechen; 3. Stich: von A bis 5 durchstechen; 4. Stich: von A bis 3 durchstechen.

49. Skaarkens –
Hohlsaummuster aus einem Netzgrund mit Lochmuster

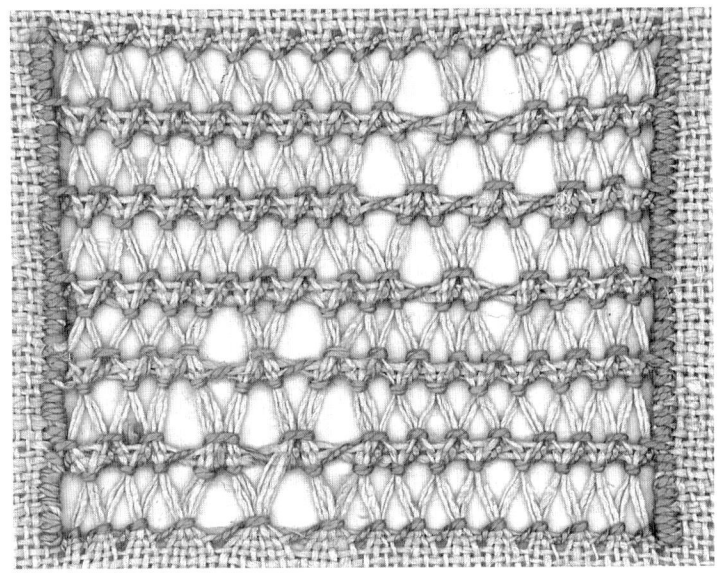

Das Muster wird Reihe für Reihe von rechts nach links genäht. Die Gewebefäden – 6 (2) 6 (2) 6 usw. – werden jeweils nach Fertigstellung der vorhergehenden Reihe ausgezogen. Der Arbeitsfaden sollte feiner sein als die Gewebefäden. Die erste Reihe mit einfachen Hohlsaumstichen auf der linken Stoffseite nähen und dabei 4 Fäden bündeln. Die letzte Reihe ebenfalls auf der linken Stoffseite beenden: Mit einfachen Hohlsaumstichen die Bündel, so wie sie im Muster erscheinen, erfassen, d. h. ein Fadenbündel kann aus 4, 6 oder 8 Gewebefäden bestehen. Die Stichkombination des Hohlsaummusters – 3 Stiche – wird auf der rechten Stoffseite genäht.

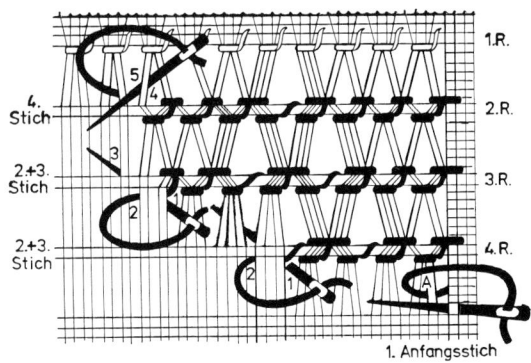

Die *1. Reihe* zeigt einfache Hohlsaumstiche, die auf der linken Stoffseite genäht wurden.
Die *2. Reihe* zeigt den Stich 4: von 4 bis 5 durchstechen. Der Stich 4 ist identisch mit dem ersten Anfangsstich.
Die *3. Reihe* zeigt die Stiche 2 und 3: erst von 1 bis 2 durchstechen und dann von 1 bis 3.
Die *4. Reihe* zeigt die Stiche 2 und 3 im Lochmuster. Oberhalb des Stoffsteges werden 6 oder 8 Gewebefäden gebündelt, unterhalb 4. Deshalb müssen Ausgleichsstiche ausgeführt werden: die Stiche 2 und 3, die einmal extra genäht werden (Gesamtzeichnung).
Jede Reihe fängt mit dem Anfangsstich an, der in der letzten Reihe der Zeichnung gezeigt wird.

Stopf- und Wickelhohlsäume

Es werden Gewebefäden freigelegt, so daß eine Fadenrinne entsteht. Die freigelegten Fäden der Fadenrinne werden in Fadenbündel einge- teilt – entweder durch Zierstiche an den Rändern oder nach und nach beim Hohlsaumnähen. Das Muster wird durch Umwickeln und/oder Umstopfen der Fadenbündel entwickelt. Die einzelnen Musterteile bei den gestopften Hohlsäumen bestehen aus Flächen, die sich durch Zwi- schenräume voneinander abheben. Um diese Zwischenräume an den Rändern zu wahren, werden sogenannte „Wendestiche" genäht.

Allgemein gilt für diese Hohlsäume, daß der Arbeitsfaden fest, aber nicht stramm angezogen wird, und daß bei breiten Hohlsäumen die Gewebefäden in der Fadenrinne nach Bedarf freigelegt werden (Seite 12). Die Randabschlüsse am Anfang und am Ende der Hohlsaum- borte können mit ins Muster einbezogen werden. Die Schnittränder sichern wie auf Seite 12 („Abschneiden und Sichern der Gewebe- fäden") beschrieben. Dann zählen die an den Schnitträndern befind- lichen Kett- und Schußfäden des Gewebes als Fadenbündel und wer- den als solches ins Muster mit einbezogen. Bei dieser Arbeit eine spitze Sticknadel verwenden, ansonsten mit einer Nadel ohne Spitze arbei- ten. Gestopfte Hohlsaumborten in der Mitte des Ornaments und in der Mitte des Stoffes anfangen und von dort aus nach der einen und dann nach der anderen Seite nähen, damit die Musterborte symmetrisch wird. Um Musterflächen zu verbinden und um diese in die richtige Reihenfolge zu stopfen, ist es bei vielen Mustern notwendig, die Stick- nadel mit dem Arbeitsfaden durch bereits gestopfte Flächen hindurch- zuziehen.

50. Bewickelte Stäbchen
    mit Spannstich

51. Bewickelte Zackenstäbchen

52. Stopfstichstäbchen
    mit Wendestich

53. Stopfstichstäbchen
    im Zickzackmuster

54. Wickelstäbchen,
    paarweise verbunden

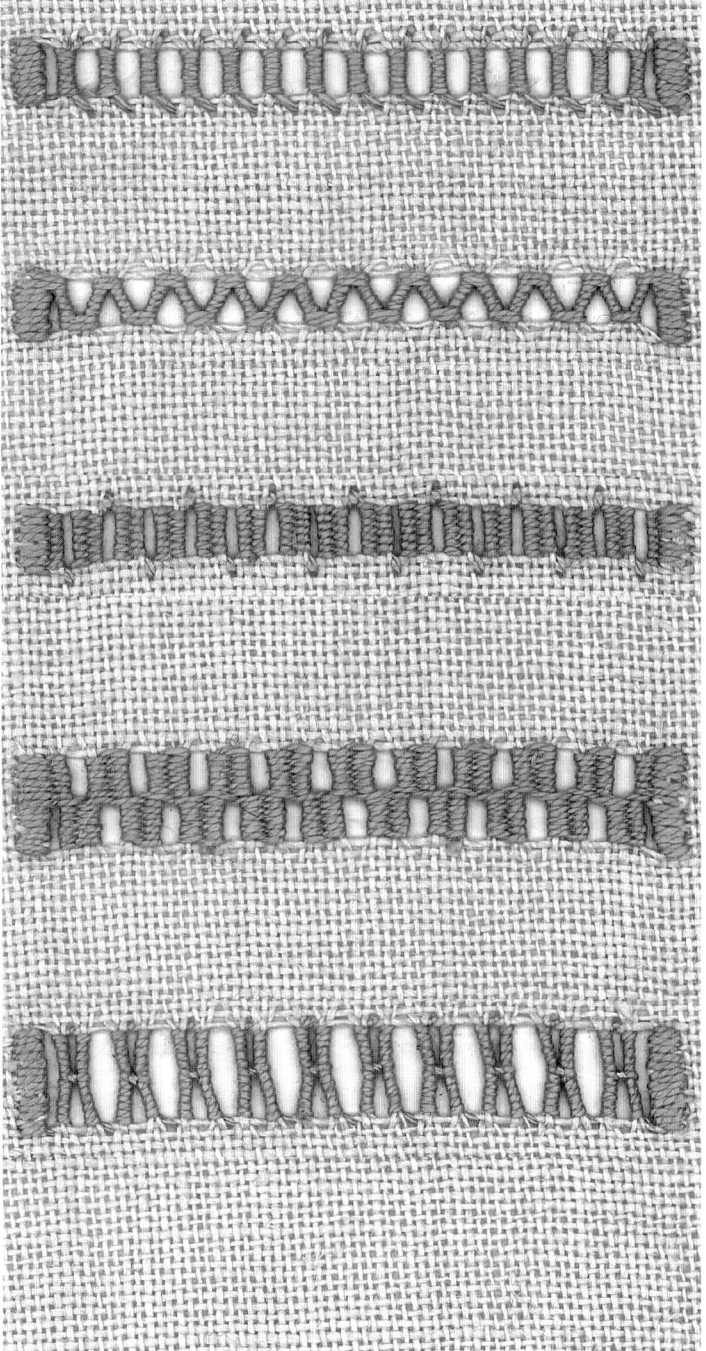

4 Gewebefäden ausziehen und auf der rechten Stoffseite von rechts nach links nähen. Den Spannfaden
von unten nach oben spannen und die Stäbchen von
oben nach unten bewickeln.

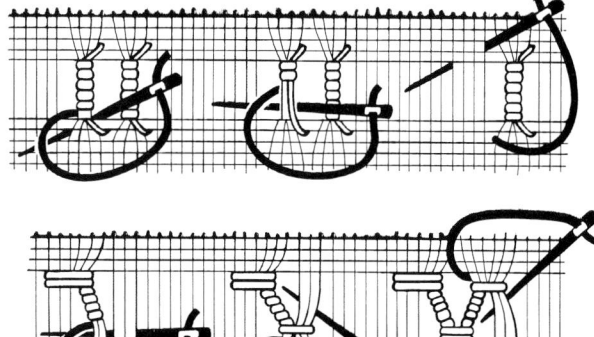

4 Gewebefäden ausziehen und auf der rechten Stoffseite von links nach rechts nähen. Sowohl am oberen
als auch am unteren Rand der Fadenrinne jeweils 6 Gewebefäden mit 2 Wickelstichen bewickeln, dann das
Fadenbündel teilen und 3 Gewebefäden bis kurz vor
dem jeweils gegenüberliegenden Rand bewickeln.

4 Gewebefäden ausziehen; auf der rechten Stoffseite nähen. Ein Fadenbündel besteht aus 2 Fäden; über 2 Bündel stopfen. Die Gewebefäden in der Fadenrinne liegen beim Nähen waagerecht. Die Stopfstichstäbchen hin und her nähen (Pfeile). Beim Wenden einen Wendestich (1.) nähen und dabei die Nadel 1 bis 2 Fäden tief in den Stoff
stecken (2.).

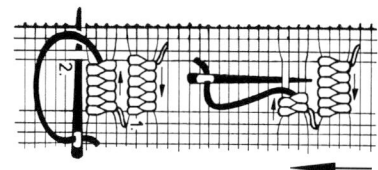

Dieses Muster läßt sich ohne Wendestich am Rand nähen, denn der
Wechsel von einem Stäbchen zum anderen geschieht in der Mitte. Der
Arbeitsfaden wird vom jeweiligen Rand durch das zuletzt genähte
Stäbchen gezogen (A), und ein neues Fadenbündel wird von der Mitte aus mit ins Zickzackmuster einbezogen. 8 Gewebefäden ausziehen.
Die Fadenbündel bestehen aus jeweils 3 Gewebefäden. Die Pfeile zeigen die Nährichtung, die Nadel das Durchziehen des Arbeitsfadens
durch das Stäbchen. Das Muster kann auch mit Wendestich genäht
werden. Dann wird von Rand zu Rand gestopft, wobei auch hier in
der Mitte ein neues Fadenbündel mit ins Muster einbezogen wird.

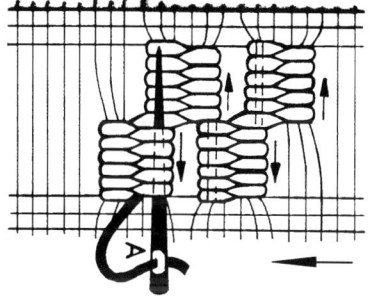

8 Gewebefäden ausziehen. Auf der rechten Stoffseite nähen und dabei die Fadenrinne senkrecht halten. Die Fadenbündel abwechselnd
von rechts und links bewickeln. Einen Wendestich ausführen. In der
Mitte des jeweils zweiten Stäbchens mit einem Stich – 1 und 2 – das
erste und das zweite Stäbchen verbinden. Danach das zweite Stäbchen zu Ende bewickeln.

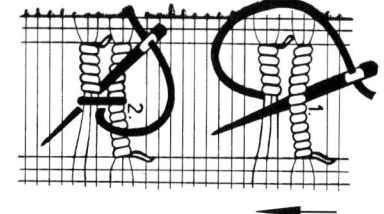

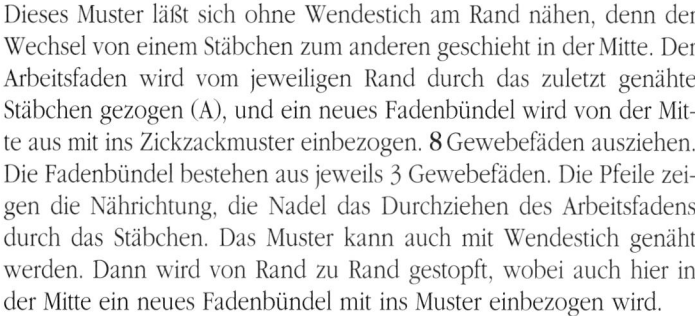

55. Gestopfter Hohlsaum,
    kombiniert mit Wickelstichen

56. Stopf-
    und Wickelstichhohlsaum

57. Gestopfter Hohlsaum

58. Stopf-
    und Wickelstichhohlsaum

59. Stopf- und Wickelstich-
    hohlsaum, eingerahmt von
    3/4-Kästchenstichen

8 Gewebefäden ausziehen. Fadenrinne senkrecht halten. Auf der rechten Stoffseite von oben nach unten nähen. Die Musterrapporte fangen abwechselnd am rechten und am linken Rand an (A). – Die Zahlen geben an, in welcher Reihenfolge die Stopfstiche genäht werden.

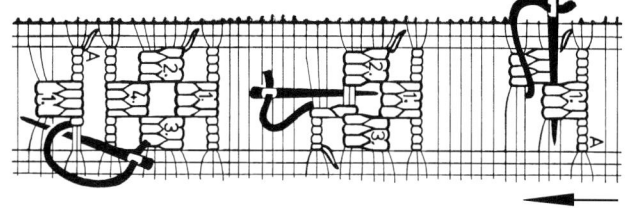

8 Gewebefäden ausziehen. Fadenrinne senkrecht halten. Auf der rechten Stoffseite von oben nach unten nähen. Die Musterrapporte fangen abwechselnd am rechten und am linken Rand an (A).

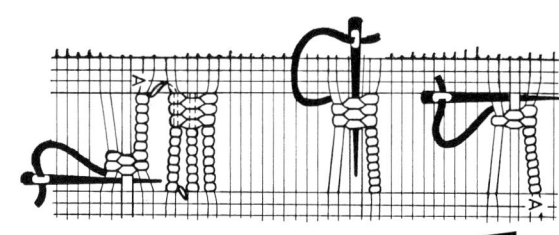

10 Fäden ausziehen. Figur 1 zuerst nähen. Die Nadel zu der offenen Stelle führen. An dieser Stelle Figur 2 nähen. Diese beiden Figuren im Wechsel nähen.

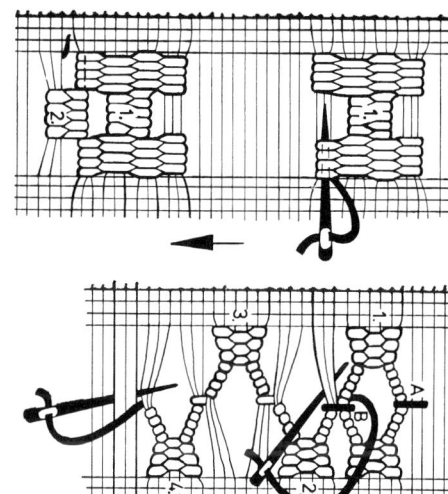

12 Fäden ausziehen. Fadenrinne senkrecht halten. Auf der rechten Stoffseite von oben nach unten nähen. Das Muster wird in zwei sich wiederholt kreuzenden Reihen genäht. Bei A anfangen, dann zu 1, zu 2, zu 3 usw. hinarbeiten, bis die Reihe fertig ist. Die zweite, kreuzende Reihe ebenfalls bei A anfangen und wie bei der ersten Reihe von Rand zu Rand hin und her nähen. Beim Kreuzen (B) 2 Wickelstiche nähen. Die Ränder können mit einem einfachen Hohlsaumstich über 3 Fäden eingefaßt werden; in diesem Fall werden sie zuerst genäht.

Das Muster geht über 20 Fäden. **12** Gewebefäden ausziehen. An den Rändern über 4 x 4 Gewebefäden den 3/4-Kästchenstich nähen: Bei A ausstechen, dann die Nadel mit dem Arbeitsfaden von 1 bis 2 durchstechen; bei 1 wieder einstechen und bei 3 ausstechen. Diese Stichkombination wiederholen. Den Stopf- und Wickelstichhohlsaum auf der rechten Stoffseite in der Fadenrinne von oben nach unten nähen. Die Techniken sind unter den vorhergehenden Hohlsaummustern beschrieben.

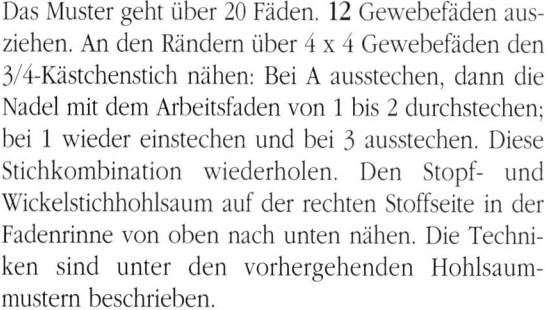

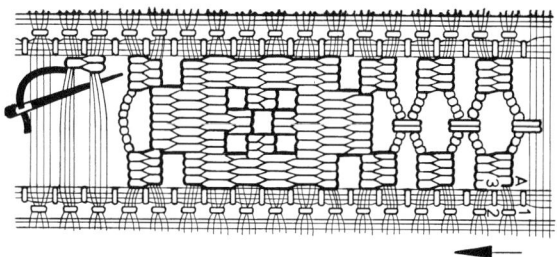

60. Gestopfter Hohlsaum
mit kleinen Spinnen

61. Stopf- und Wickelhohlsaum,
eingerahmt von
Stäbchenhohlsäumen

62. Stopfstichstäbchen,
umrandet von
Kästchenstichen

63. Hohlsaum
mit schräggestellten
Stopfstichflächen, eingerahmt
von Kästchen-
und Überwendlingsstichen

6 Gewebefäden ausziehen. In der senkrecht liegenden Fadenrinne auf der rechten Stoffseite von oben nach unten nähen. Über 4-fädige Bündel stopfen. Die Spinne jeweils nach Fertigung des zweiten Stopfstäbchens nähen. Sie wird zwischen das erste und das zweite Stäbchen genäht; Faden von 1 bis 2 spannen; zur Mitte zurückwickeln und den Faden bis 3 spannen; zur Mitte zurückwickeln und den Faden bis 4 spannen; zur Mitte zurückwickeln und über die Mitte zu 1 wickeln.

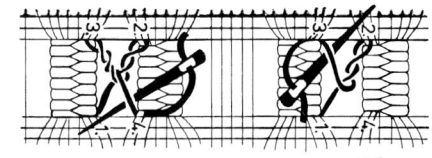

Das Muster geht über 24 Gewebefäden. **2** (4) **12** (4) **2** Gewebefäden ausziehen. Für die Stäbchenhohlsäume werden jeweils 2 Gewebefäden ausgezogen (S. 34, Muster 2), für den Stopf- und Wickelhohlsaum 12 Fäden. Die drei gewickelten Stäbchen werden mit 2 Wickelstichen in der Mitte zusammengehalten.

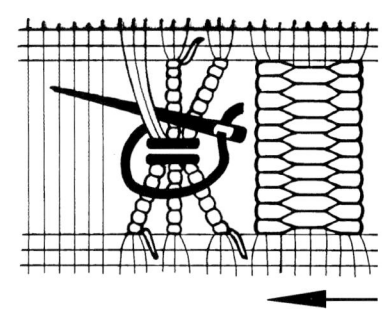

Das Muster geht über 14 Gewebefäden. **1** (2) **8** (2) **1** Gewebefäden ausziehen. An den Rändern über 2 x 2 Fäden Kästchenstich I (S. 50, Muster 30) nähen. Das zwischen den Stopfstichen liegende Fadenbündel wird zu beiden Seiten durch einen Stopfstich (1.) mit den Stopfstichstäbchen verbunden.

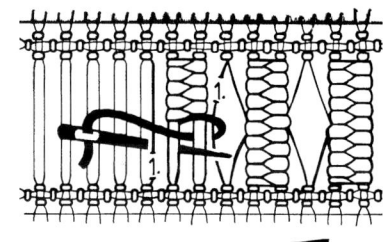

Das Muster geht über 27 Fäden. Die mittleren **15** Fäden ausziehen und das Stopfhohlsaummuster nähen. Dann die Kästchenstiche über 4 Gewebefäden in der Höhe und 3 in der Breite nähen. Zuletzt die Überwendlingsstiche nähen. Die offenen Bündel werden mit einem verschlungenen Stich verbunden: Die Sticknadel mit dem Arbeitsfaden hinter die beiden Bündel führen. Den Faden um das zweite Bündel wickeln. Die Nadel hinter dem ersten Bündel führen und links vom ersten Bündel im Stoff ausstechen. Die Nadel durch den Wickelstich des zweiten Bündels stechen; den Faden über das erste Bündel führen und die Nadel ein- und ausstechen, wie es die Zeichnung zeigt.

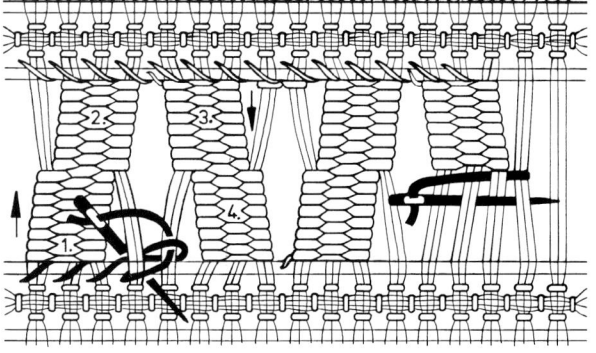

64. Hohlsaum mit Spinnen

65. Hohlsaum
    mit gestopften Rechtecken,
    eingerahmt von
    Schlingknotenstichen

66. Hohlsaum mit
    Schlingknotenstichen
    und Spinnen

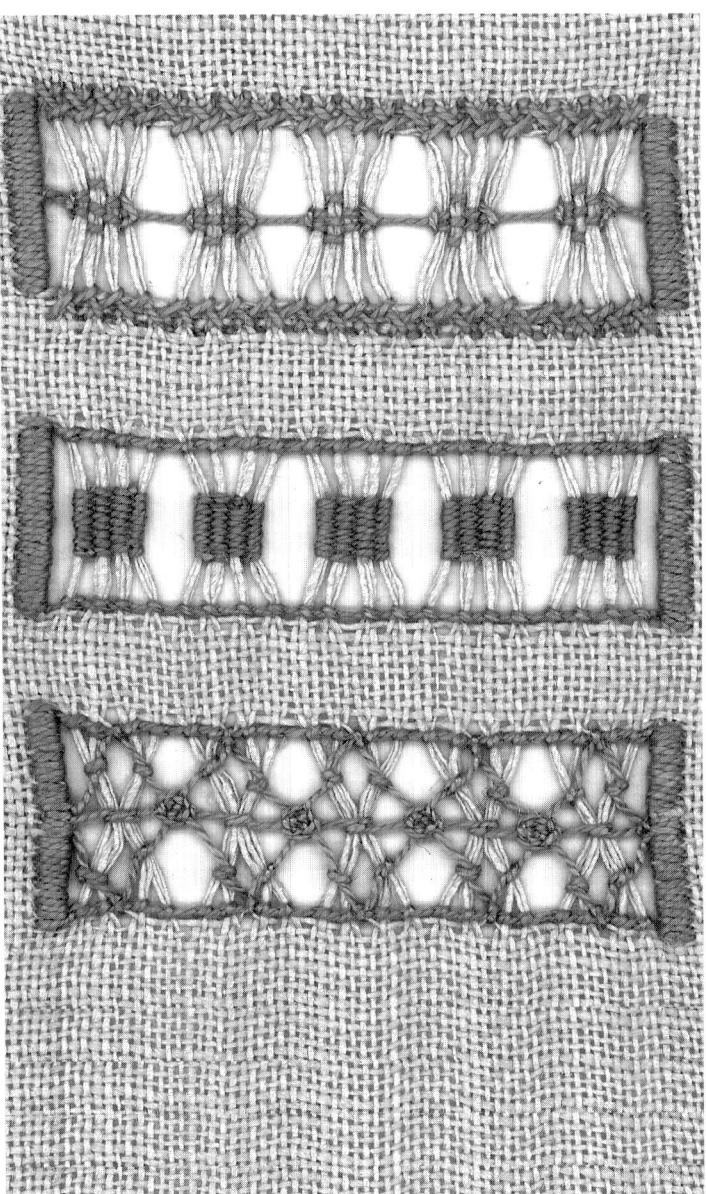

Das Muster geht über 22 Gewebefäden. Die mittleren **16** Fäden ausziehen. Über jeweils 3 x 3 Fäden an den Rändern der Fadenrinne Hexenstich II (S. 52, Muster 34) nähen. Dabei entstehen die Fadenbündel. Die Spinnen entstehen dadurch, daß 4 Bündel mit dem Arbeitsfaden im Kreis umstopft werden, bis die erwünschte Größe erreicht ist. Mit einem Rückstich wird die Spinne abgeschlossen.

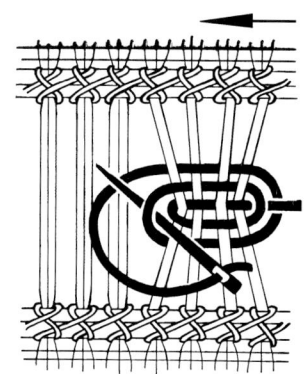

16 Gewebefäden ausziehen. Mit Schlingknotenstichen über 3 Fäden die Stäbchen bündeln. Die gestopften Rechtecke über 4 (oder auch über 3) Stäbchen nähen. – Mit einem festen Schlingknotenstich um den mittleren Faden des ersten Bündels anfangen. Diesen und den Anfang des Fadens überstopfen. Schließlich zur Befestigung des Arbeitsfadens einen Schlingknotenstich nähen und den Arbeitsfaden durch das Gestopfte ziehen.

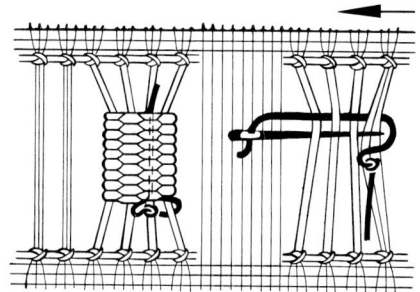

18 Gewebefäden ausziehen. Durch Schlingknotenstiche an den Rändern jeweils 3 freigelegte Gewebefäden bündeln. Das Hohlsaummuster entsteht dann in drei weiteren Arbeitsgängen: Schlingknotenstiche erfassen 2 Bündel etwa 1/4 der Gesamtbreite vom Rand entfernt. Der Arbeitsfaden wird hin und her von einem Rand zum anderen geführt. Dabei wird im ersten Arbeitsgang (1.) jedes zweite Paar ausgelassen. Diese werden im zweiten Arbeitsgang (2.) genäht. Im dritten Arbeitsgang (3.) werden mit einem Schlingknotenstich die beiden jetzt 6 Gewebefäden zählenden Stäbchen erfaßt; über die sich im ersten und zweiten Arbeitsgang kreuzenden Arbeitsfäden wird eine Spinne genäht. Es wird so oft um das Fadenkreuz gestopft, bis die Spinne die gewünschte Größe hat.

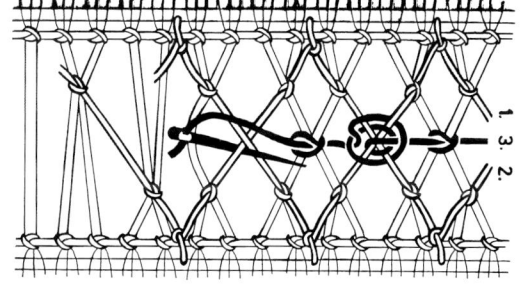

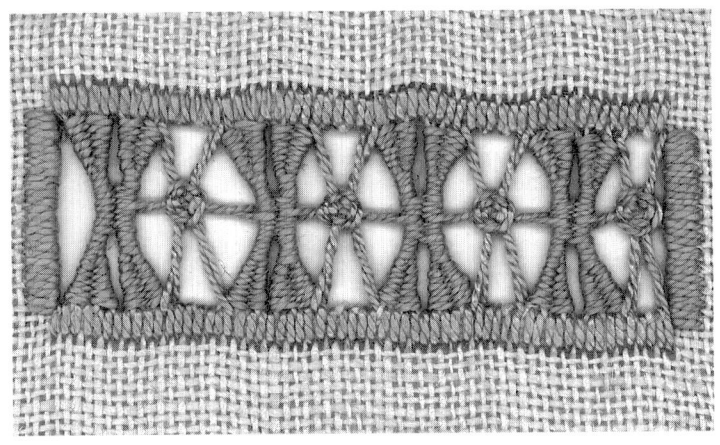

67. Hohlsaum mit Spinnen,
    Stopf- und Wickelstichen,
    eingefaßt
    mit gezählten Plattstichen

Das Muster geht über 24 Gewebefäden. **16** Gewebefäden ausziehen. Zuerst an den Rändern jeweils über 4 Gewebefäden gezählte Plattstiche nähen. Die Stopf- und Wickelstichornamente nach den Ziffern 1 – 5 nähen. Zwischen diesen Ornamenten 3 freigelegte Fäden abschneiden (6.). Die Spinne wird zwischen den Stopf- und Wickelstichornamenten genäht. Von A bis B den ersten Faden spannen; zurückwickeln bis zur Mitte; von der Mitte bis C spannen und bis zur Mitte zurückwickeln. Über die Mitte zu D spannen; zurück zur Mitte usw. Die Spinne stopfen, bevor zu G gewickelt wird.

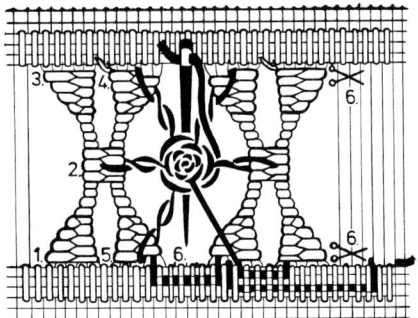
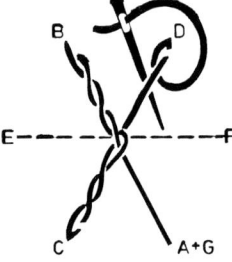

Der „schüttere" Hohlsaum

Die folgende Art von Hohlsäumen wird in Schweden als „schütterer" Hohlsaum bezeichnet. Die alten Muster sind auf feinem Gewebe genäht worden. Sie wirken leicht und durchsichtig und erinnern an Spitzen. Der schüttere Hohlsaum kann mit Musterelementen des Stopfhohlsaumes kombiniert werden.

Der schüttere Hohlsaum wird auf der rechten Stoffseite von links nach rechts gearbeitet; die Handarbeit wird dabei waagerecht gehalten. Im Prinzip sind alle Stiche Wickelstiche, und man arbeitet Bündel für Bündel auf und ab. Beim Aufwärtswickeln wird die Sticknadel von links nach rechts unters Bündel geführt; dabei zeigt die Nadelspitze nach oben. Beim Abwärtswickeln wird die Nadel ebenfalls von links nach rechts unters Bündel geführt, aber die Nadelspitze zeigt jetzt nach unten.

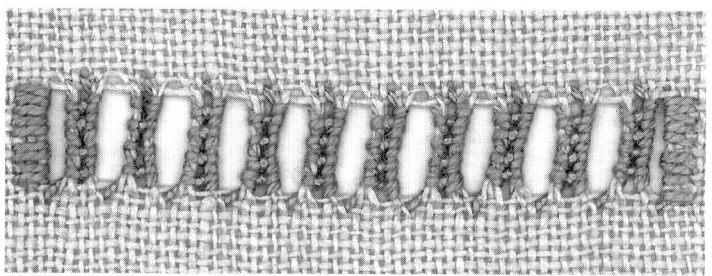

68. Schütterer Hohlsaum
in Stäbchenmuster

8 Gewebefäden ausziehen. Auf der rechten Stoffseite von links nach rechts nähen. Jeweils 3 freigelegte Fäden bündeln. Den Arbeitsfaden 3 – 4mal um das erste Bündel wickeln. Einen Wendestich nähen. Am zweiten Bündel abwechselnd einmal wickeln und einmal das erste Bündel mit erfassen, wie es die Zeichnung zeigt – achten Sie auf die Nadelrichtung!

69. Schütterer Hohlsaum
im Zickzackmuster

70. Schütterer Hohlsaum
in einfachem Blumenmuster,
eingerahmt
mit Stäbchenhohlsaum

71. Schütterer Hohlsaum,
kombiniert mit Stopf-
hohlsaum und eingerahmt
mit Kästchenstichen

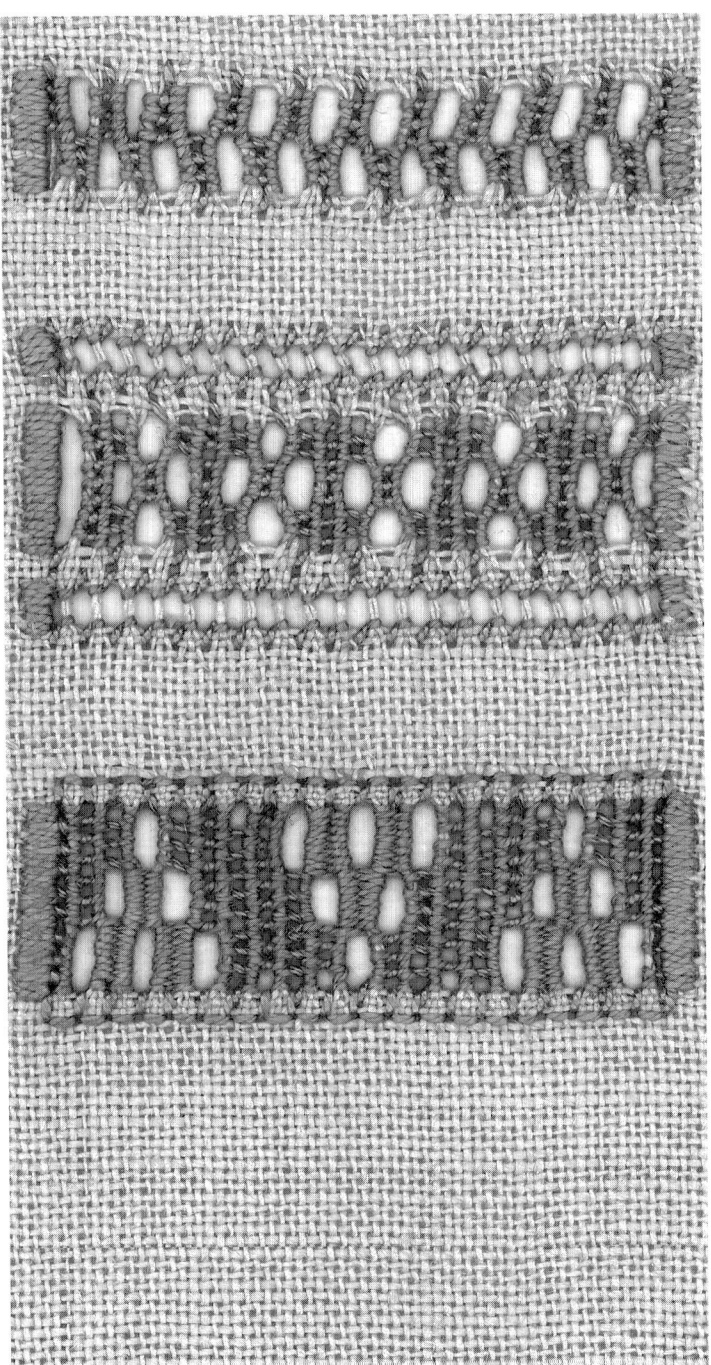

10 Gewebefäden ausziehen. Das Muster wie bei 68 anfangen und bis zur Hälfte des zweiten Bündels nähen, wie dort beschrieben; danach das zweite Bündel zweimal umwickeln und einen Wendestich nähen. Schließlich das dritte Bündel in das Muster einbeziehen und von unten nach oben nähen.

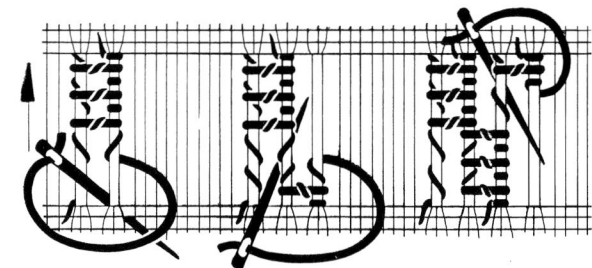

3 (4) **12** (4) **3** Gewebefäden ausziehen. Das einfache Blumenmuster in die breite Fadenrinne nähen. Die Arbeitsweise ist die gleiche wie bei 68 und 69. Man kann jedoch bei dieser Hohlsaumtechnik mit dem Bewickeln des ersten Stäbchens genausogut am oberen wie am unteren Rand der Fadenrinne anfangen (die Zeichnung zeigt das Bewickeln vom oberen Rand aus).

16 Gewebefäden ausziehen. An den Rändern der Fadenrinne Kästchenstich I (S. 50, Muster 30) über 3 x 3 Fäden nähen (siehe auch Zeichnungen zu Muster 68, 69 und 70). Die Stopfstichfigur 1 jeweils am unteren bzw. oberen Rand zu nähen beginnen und gleich danach Figur 2 nähen. Ehe die Stopfstichfigur 3 genäht wird, werden die über bzw. unter der Figur liegenden zwei Stiche für den schütteren Hohlsaum genäht. Den Arbeitsfaden durch die Figur 2 führen und Figur 3 direkt an Figur 2 nähen.

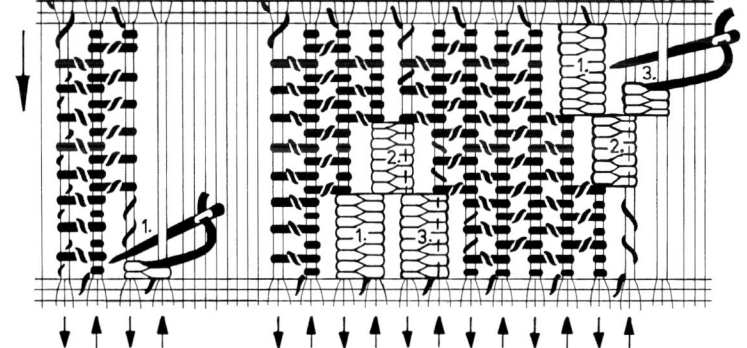

1. Ecke mit 8-beiniger Spinne

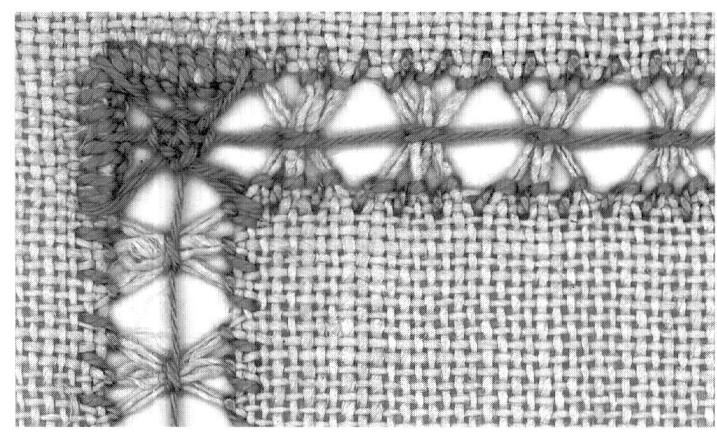

2. 8-beinige Spinne,
   mit Rückstichen gestopft

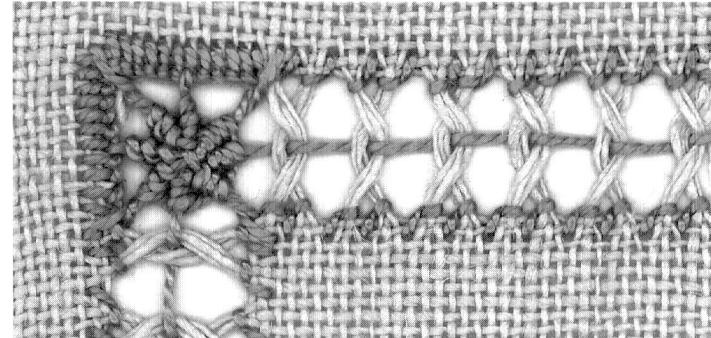

3. Kleine Spinnen im großen
   Quadrat

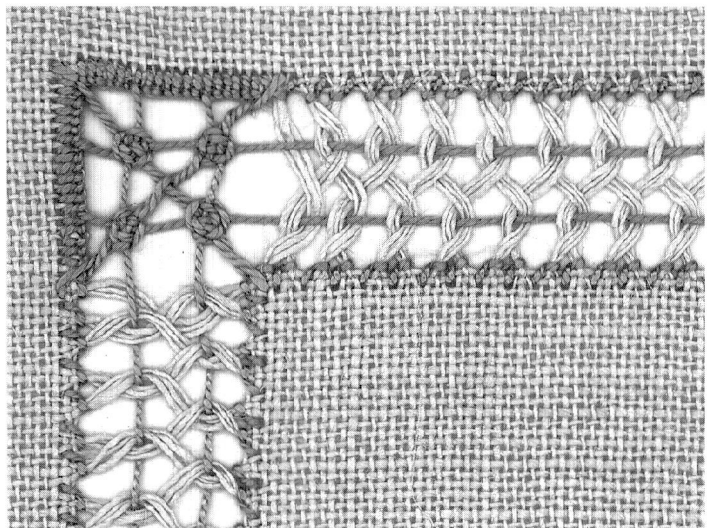

Ecklösungen für Hohlsäume

Diese Spinne wird direkt im Anschluß an die Schlingknotenstiche genäht.

Der Arbeitsfaden kommt aus Richtung A von der Schlingknotenreihe und wird an B befestigt. Über die Mitte (M) wird er locker zurückgewickelt und geht zu C. Dann geht der Faden weiter von C über M zu D, von D über M zu E, von E über M zu F, von F über M zu G, von G zur Mitte M. Bei M von innen nach außen die Spinne bis zur gewünschten Größe stopfen. Die Spinne zwischen D und F mit einem Rückstich schließen. Den Arbeitsfaden in die nächste Schlingknotenreihe – Richtung H – weiterführen.

Mit dem Arbeitsfaden die Stäbchen verschränken; den Arbeitsfaden bei A befestigen und auf der Rückseite zu B führen. Danach die nächste Stäbchenreihe verschränken. Im Nachhinein die Spinne nähen: Den Arbeitsfaden von C bis D spannen, von D bis zur Mitte (M) zurückwickeln, von M bis E spannen, von E bis M zurückwickeln, von M bis F spannen, von F bis M zurückwickeln. Von der Mitte aus Rückstiche um die Spinnenbeine nähen, bis die Spinne die gewünschte Größe hat. Den Arbeitsfaden mit einem Rückstich an der Spinne befestigen und den Faden bis C zurückwickeln.

Die Hohlsäume verschränken, ehe die kleinen Spinnen genäht werden: Die Durchziehfäden an den Punkten A, B, D und E befestigen und diese Fäden in Richtung C und F weiterführen. Wenn sämtliche Verschränkungen ausgeführt sind, für die kleinen Spinnen einen Faden von G bis H spannen und von H bis J zurückwickeln. 5-beinige Spinne bei J nähen. Arbeitsfaden bis K weiterwickeln und 5-beinige Spinne bei K nähen. Den Arbeitsfaden bis G weiterwickeln und auf der Rückseite nach L führen. Von L bis M den Arbeitsfaden spannen. Von M bis N wickeln, 5-beinige Spinne nähen; von N bis O wickeln, 5-beinig nähen; von O bis L wickeln und Faden befestigen.

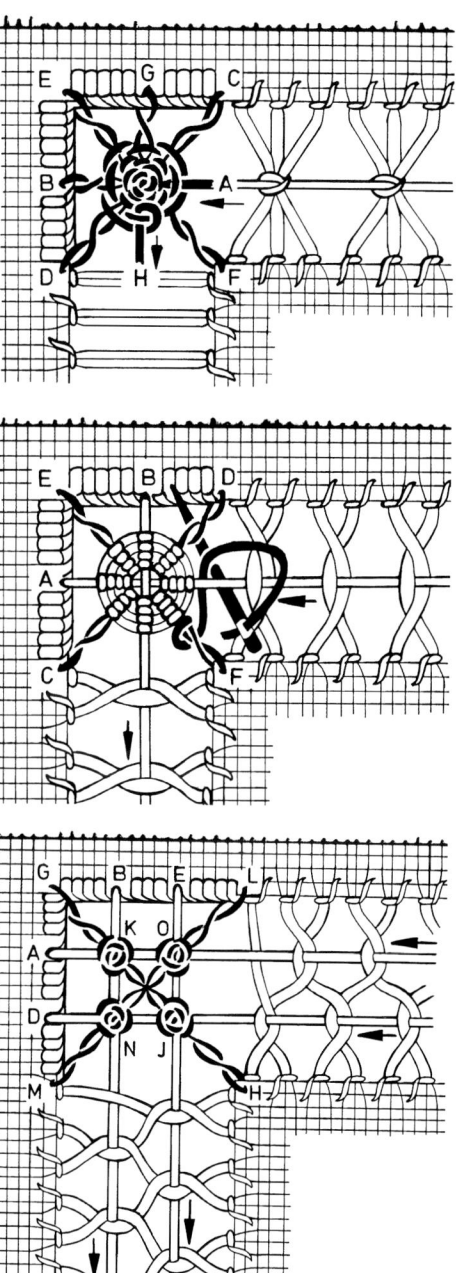

4. Ecklösung in Wickeltechnik

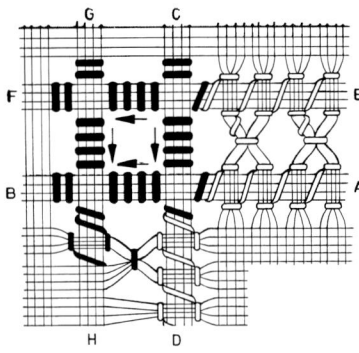

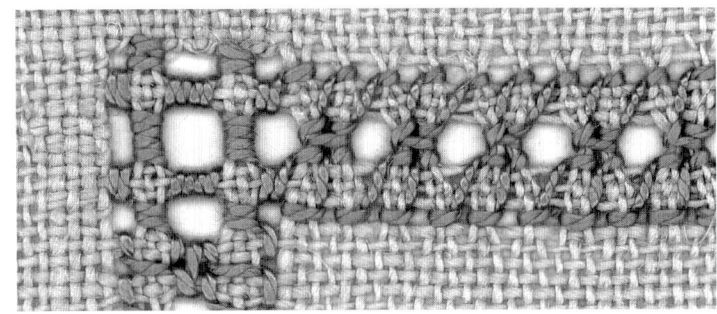

Diese Ecklösung eignet sich für Hohlsäume wie die Kästchenhohlsäume 38 – 43 (S. 54–57). Wenn die Reihe A zuerst genäht wird, werden die Wickelstiche am Ende der Reihe gleich im Anschluß an die Kästchenstiche bis zu B gewickelt. Dann bei C neu anfangen und zuerst die Wickelstiche nähen, danach die Kästchenstiche in Richtung D. Jetzt von E bis F und von G bis H nähen.

5. Ecke für gestopften Hohlsaum

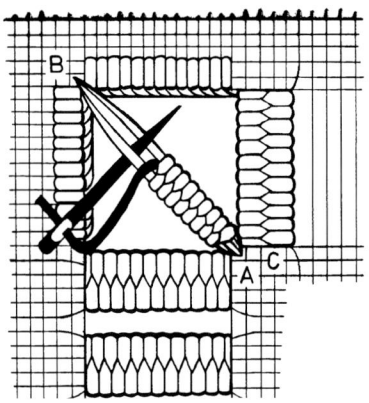

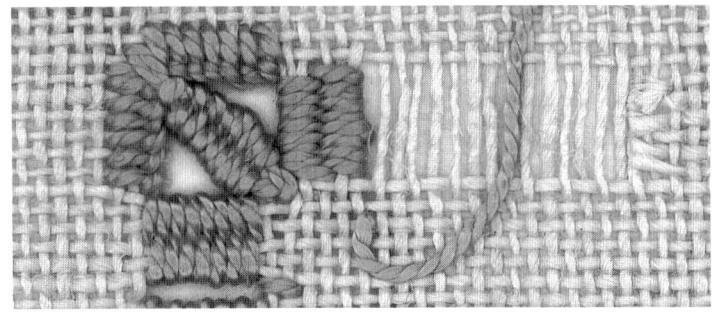

Bis zur Ecke stopfen. Am Eckrand die Festonstiche nähen. Nach der Ecke den ersten Rapport stopfen. Den Arbeitsfaden auf der Rückseite zu A hinführen. Von A bis B 2 bis 4 Fäden spannen. Über diese Spannfäden von A bis B stopfen. Den Arbeitsfaden auf der Rückseite zu C zurückführen und das Muster weiterstopfen.

Handarbeitsmodelle mit Hohlsaum

Natürlich gibt es vielerlei Handarbeiten, die mit Hohlsaum verziert werden können; am schönsten und besten geeignet ist die Sticktechnik aber für Tischdecken und Servietten, für Sets, Tischläufer und Kissenbezüge.

Hohlsaumstickerei kann als eigenständiges Ornament gedacht oder mit anderen Sticktechniken kombiniert werden. Für die Muster kann man Einzelornamente aus Stickbüchern entnehmen oder beispielsweise Linienführungen aus der Natur und Architektur in Hohlsaumstickerei verwandeln.

Weil wir uns beim Sticken nach dem Gitterkreuz des Gewebes richten müssen, können wir natürlich keine runden oder ovalen Decken mit Hohlsaum einfassen, auch keine runden oder ovalen Muster gestalten. Hohlsaum verlangt klare geometrische Linien in Streifen, Quadraten und Rechtecken.

Bei einer rechteckigen Decke sollte man der Form der Decke folgen: Eine oder zwei breite Borten in Längsrichtung bieten sich an. Bei Läufern oder auch bei Sets betont man die Schmalseiten mit breiten Borten. Das sind klassische Anordnungen, die den Hohlsaum ausgezeichnet zur Geltung kommen lassen.

Lassen Sie sich also von den vorgestellten Modellen anregen, und erproben Sie die vielfältigen Anwendungsmöglichkeiten von Hohlsaum. Der Phantasie sind keine Grenzen gesetzt!

Hinweis: Die Hohlsäume der Mustervorlagen in diesem Buch sind ungeachtet ihrer Breite mit einer einfachen Linie dargestellt. Diese Linie läuft entlang der Mitte des Hohlsaumes. Dies muß beim Ausziehen von Gewebefäden berücksichtigt werden.

Serviette (1)

Fertiges Maß

45 x 45 cm

Material

- 50 x 50 cm Leinen Uhlenhof 12er weiß
- Bockens Klöppelgarn 60/2 für die Hohlsäume
- Uhlenhof Stickgarn Farbe 772 für das Kreuz-stichornament

Technik

- Einfacher Hohlsaumstich (S. 34, Muster 1)
- Ecke mit diagonaler Naht für Säume bis 1,5 cm (S. 25): schmalen Saum – 1 cm – mit einfachen Hohlsaumstichen säumen
- Kreuzstiche

Arbeitsanleitung

Von der Ecke aus eine Diagonale mit Reihfaden nähen (siehe Serviette 2) und den Stoff auf das Hohlsaummuster vorbereiten (S. 10). 2 (2) 2 Gewebefäden ausziehen. Die abgeschnittenen Gewebefäden über ein paar Fäden in den Stoff zurückstopfen und mit Festonstichen übernähen (S. 12: Abschneiden und Sichern von Gewebefäden). An den äußeren Seiten der Fadenrinnen einfache Hohlsaumstiche nähen und dabei 2 Gewebefäden bündeln, und zwar parallel zueinander. Das Kreuzstichornament in die Mitte des Quadrates nähen.

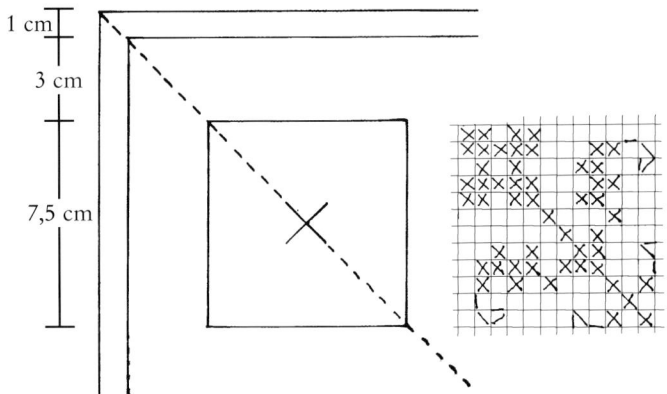

Serviette (2)

Fertiges Maß

45 x 45 cm

Material

- 50 x 50 cm Leinen Uhlenhof 12er weiß
- Bockens Klöppelgarn 60/2 weiß

Technik

- Stäbchenhohlsaum (S. 34, Muster 2):
  6 Gewebefäden ausziehen,
  4 freigelegte Fäden bündeln
- Zickzackhohlsaum (S. 34, Muster 3):
  6 Gewebefäden ausziehen,
  4 freigelegte Fäden bündeln
- Ecke mit diagonaler Naht
  für Säume bis 1,5 cm (S. 25):
  schmalen Saum – 1 cm – mit einfachen Hohlsaumstichen säumen

Arbeitsanleitung

Da es sich um ein Eckmuster handelt, ist es nützlich, wenn man von der Ecke aus eine Diagonale mit Reihfaden jeweils über 2 und unter 2 Gewebefäden näht (siehe auch S. 10). Den Stoff auf das Hohlsaummuster vorbereiten. Der mittlere Hohlsaum ist der Zickzackhohlsaum.

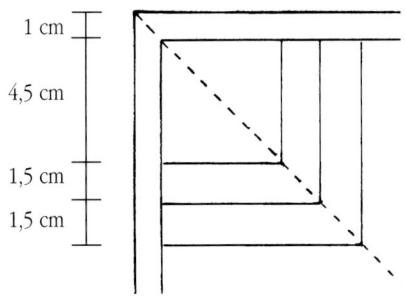

Serviette (3)

Fertiges Maß

45 x 45 cm

Material

- 50 x 50 cm Leinen Uhlenhof 12er weiß
- Brok Baumwollklöppelgarn 100% Co. 36/3 weiß (alternativ ME 2 Vierfach-Stickgarn 25, Farbe 402=weiß, Gütermann Nähseide R 753–40/3 weiß oder Nähfaden Baumwolle 40 weiß)
- Uhlenhof Stickgarn Farbe 772

Technik

- Hohlsaum aus einfachen Hohlsaumstichen und Kästchenstichen (S. 56, Muster 42)
- Hohlsaum, gebildet durch Schlingknotenstiche (S. 40, Muster 14)
- Ecke mit diagonaler Naht für Säume bis 1,5 cm (S. 25): schmalen Saum – 1 cm – mit einfachen Hohlsaumstichen säumen
- Kreuzstiche

Arbeitsanleitung

Von der Ecke aus eine Diagonale mit Reihfaden nähen (siehe Serviette 2) und den Stoff für das Hohlsaummuster vorbereiten (S. 10). 4 (8) 4 Gewebefäden ausziehen. Über den Stoffsteg Kästchenstich II (S. 50, Muster 31) mit dem Uhlenhof Stickgarn über 8 x 2 Fäden nähen. Die einfachen Hohlsaumstiche mit Brok 36/3 nähen. Die offenen Gewebefäden an den Hohlsaumecken und der Hohlsaumkreuzung 4x bewickeln. Für die Umrandung einen Gewebefaden ausziehen und am inneren Rand eine Reihe Schlingknotenstiche über 3 Gewebefäden nähen. Die Serviette säumen und einfache Hohlsaumstiche parallel zu den Schlingknotenstichen nähen. Das kleine Kreuzstichornament auf der Diagonale nähen.

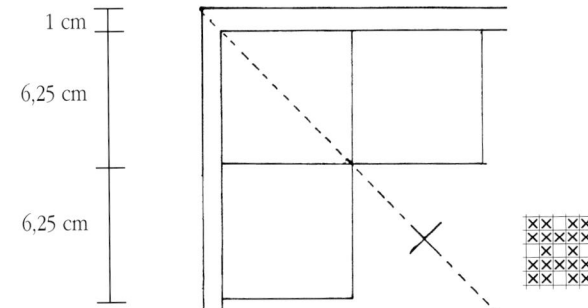

1 cm

6,25 cm

6,25 cm

Kleines Deckchen

Fertiges Maß	11,5 x 11,5 cm
Material	• 18 x 18 cm Leinenstoff mit 8 Fäden pro Zentimeter • Bockens Klöppelgarn 35/2, Farbe 515 und 134
Technik	• Einfacher Hohlsaumstich (S. 34, Muster 1) • Kästchenstich II (S. 50, Muster 31) ⎫ siehe auch S. 56, Muster 42 • Randabschluß: Kästchenstich I über 3 x 3 Fäden (S. 50)
Arbeitsanleitung	Den Stoff für das Muster vorbereiten (S. 10). Abgeschnittene Fäden in den Stoff zurückstopfen, mit Blindlochstichen übernähen (S. 14). Alle Kästchenstiche mit dem dunklen Faden nähen, die einfachen Hohlsaumstiche mit dem hellen.

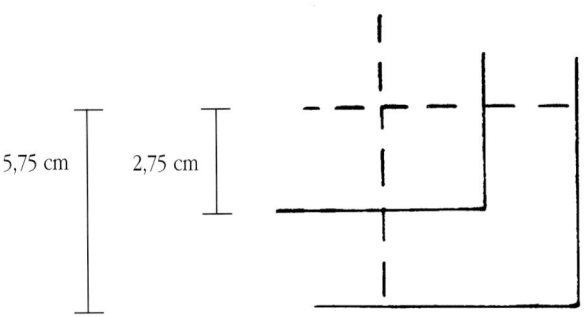

5,75 cm   2,75 cm

Tischläufer

Fertiges Maß

32 x 60 cm

Material

- 40 x 70 cm Leinenstoff mit 10 Fäden pro Zentimeter
- Klippans HV-Garn Leinen 40/2

Technik

- Stäbchenhohlsaum (S. 34, Muster 2):
  3 Gewebefäden ausziehen und
  3 freigelegte Fäden bündeln
- Ecke mit diagonaler Naht für Säume über 1,5 cm
  (S. 20); Saumbreite 2 cm
- Kreuzstiche

Arbeitsanleitung

Den Stoff auf das Hohlsaummuster vorbereiten (S. 10). Die Hohlsäume nähen und den Läufer mit dem Stäbchenhohlsaum säumen.
Das Kreuzstichornament in der Mitte der Eckquadrate sticken.

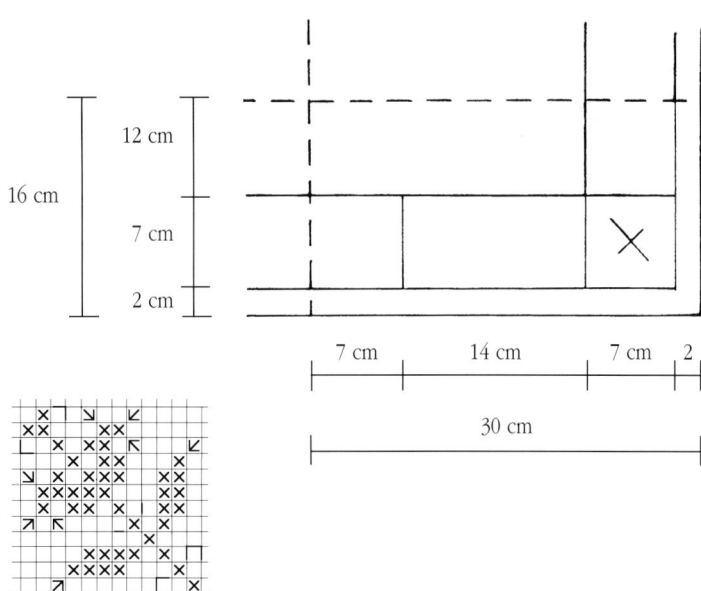

Kleines Deckchen

Fertiges Maß	46 x 30 cm
Material	• 55 x 40 cm Leinenstoff mit 12 Fäden pro Zentimeter • Bockens Klöppelgarn Leinen 50/2 für den Hohlsaumstich • Klippans Vävlin 16/2 als Durchziehfaden • Stickgarn Nordin/Me 2 Farbe 22
Technik	• Verschränkter Hohlsaum (S. 36, Muster 5) • Kreuzstich • Schmaler Saum – 1 cm – und Ecken mit diagonaler Naht (S. 25)
Arbeitsanleitung	Den Stoff für das Hohlsaummuster vorbereiten (S. 10). Die Hohlsäume nähen. Die Eckornamente sticken; sie liegen auf der Diagonale zur Ecke. Das Deckchen säumen.

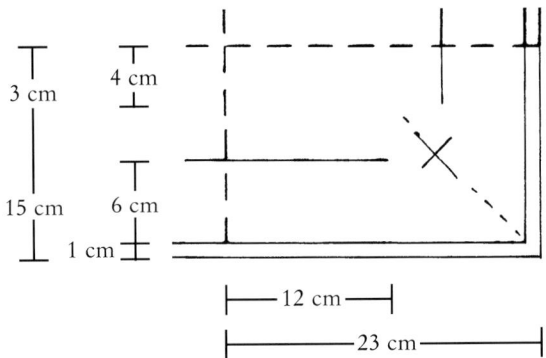

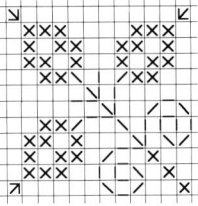

88

Mitteldecke

Fertiges Maß	ca. 63 x 63 cm
Material	• 70 x 70 cm Leinenstoff: Stickerei-R1 hell-blau der Fa. H. Vieböck, Helfenberg • Leinengarn: Klippans Vävlin 16/2 Farbe 530 • Leinengarn: Bockens Klöppelgarn 35/2 Farbe 515 für den Saum
Technik	• Zackenstich in 3 Reihen (S. 52, Muster 35): 1 (4) 4 (4) 4 (4) 1 Gewebefäden ausziehen • Ecklösung in Wickeltechnik (S. 76) für die sich kreuzenden Hohlsäume • Ecke mit diagonaler Naht für Säume bis 1,5 cm (S. 25)
Arbeitsanleitung	Den Stoff für das Muster vorbereiten. Die Hohlsäume sind knapp 2,5 cm breit. Der schmale Saum ist 1 cm breit; er wird in einfachen Hohlsaumstichen gearbeitet.

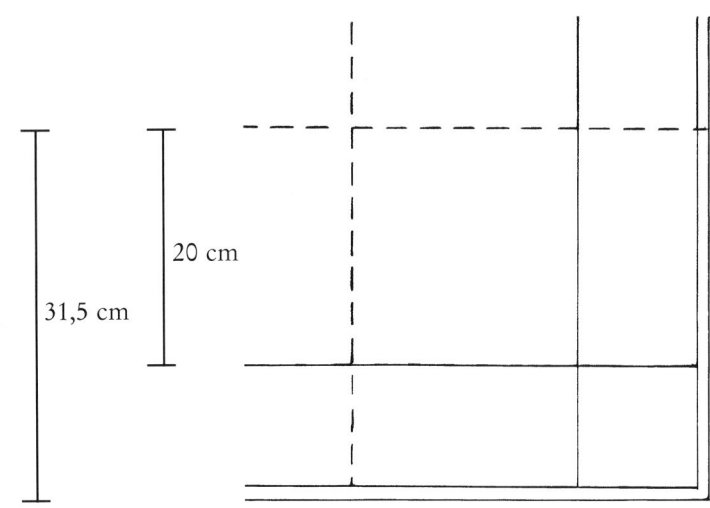

31,5 cm

20 cm

Mitteldecke

65 x 65 cm

- 70 x 70 cm Leinenstoff: Stickerei R 1 hellblau der Fa. H. Vieböck, Helfenberg
- Leinengarn HV 40/2, Klippan
- Leinengarn Vävlin 16/2, Klippan

- **12** Gewebefäden ausziehen
- Hohlsaummuster 65 (S. 68), gestopft über 3 Fadenbündel mit je 3 freigelegten Fäden
- Gezählter Plattstich (S. 49, Arbeitsanleitung und Zeichnung zu Muster 28)
- 8-beinige Spinnen (S. 74, Ecke 1)
- Randabschluß: Festonstiche (S. 28)
- Nähmaschinennaht

Den Stoff für das Muster vorbereiten (S. 10). Den Hohlsaum mit den gestopften Rechtecken umgibt eine Borte aus gezählten Plattstichen. Bevor das Plattstichmuster im Eckwinkel genäht wird, mit kleinen Stichen dicht am Rand eine Maschinennaht nähen. Die gestopften Rechtecke mit Leinengarn HV 40/2, den Plattstich mit Vävlin 16/2 nähen.

Den Randabschluß mit Vävlin 16/2 mit Festonstichen im gleichen Muster wie die Umrandung des Hohlsaumes nähen (S. 28). Die Spitzen des Hohlsaumes müssen parallel zu den Spitzen des Randabschlusses liegen. Auch beim Randabschluß eng am Rand eine Maschinennaht mit kleinen Stichen nähen.

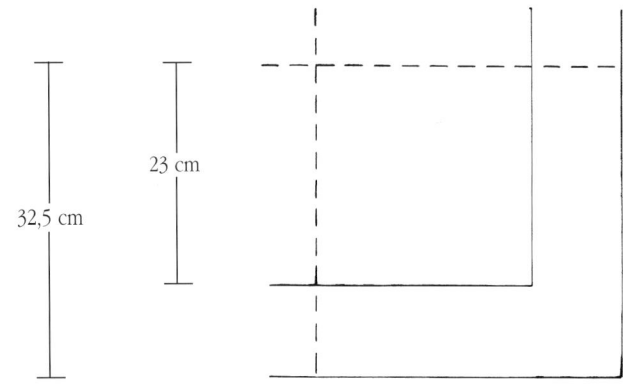

32,5 cm

23 cm

Kissen

<table>
<tr><td>Fertiges Maß</td><td>43 x 43 cm</td></tr>
<tr><td>Material</td><td>

- 50 x 110 cm Leinen Uhlenhof 12er weiß
- Bockens Klöppelgarn 35/2 Farbe 1310
- Weißer Nähfaden 40 oder 50 für die Maschinennähte
</td></tr>
<tr><td>Technik</td><td>

- Doppelter Hohlsaumstich im Zickzackmuster (S. 40, Muster 13) auf der rechten Stoffseite: dazu **8** Gewebefäden ausziehen; 6 Gewebefäden bündeln
- Die abgeschnittenen Gewebefäden am Anfang und am Ende der Hohlsäume über ein paar Fäden in den Stoff zurückstopfen und dann mit Blindlochstichen übernähen (S. 14)
</td></tr>
<tr><td>Arbeitsanleitung</td><td>

Den Stoff nach dem Diagramm einteilen und das Fadenkreuz über die Mitte nähen (S. 10); Stoff für die Hohlsäume vorbereiten. Die Hohlsäume nähen. Den Stoff zuschneiden. Die Säume an den kurzen Stellen nähen – erster Einbug 1 cm, zweiter Einbug 2 cm. Kissenbezug so falten, daß die rechte Seite außen liegt. Die Rückseite des Kissenbezuges besteht aus 2 Teilen. Den kleineren Teil unter den größeren legen. Den oberen Teil an den unteren heften und jeweils an den Seiten des bereits genähten Saumes festnähen – ca. 10 cm (Zeichnung). In der Mitte entsteht ein Schlitz, durch den das Kissen bequem eingesteckt werden kann. Die Seitennähte – 1 cm breit – von der linken Seite schließen und die Nähte ausbügeln. 3 cm vom Rand entfernt mit der Nähmaschine von der rechten Seite die Steppnaht nähen.
</td></tr>
</table>

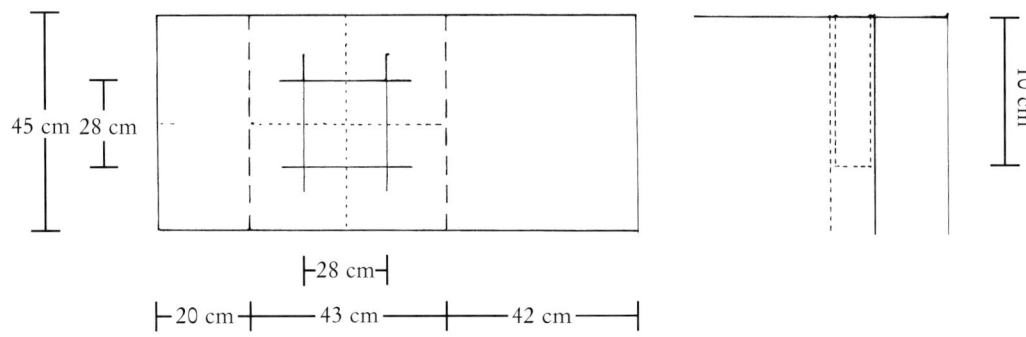

45 cm 28 cm

10 cm

28 cm

20 cm 43 cm 42 cm

Tischläufer und Serviette

- 15 x 120 cm (Tischläufer)
- 30 x 30 cm (Serviette)

- 25 x 130 cm ungebleichter Leinenstoff mit 14,3 Fäden pro Zentimeter
- 40 x 40 cm ungebleichter Leinenstoff mit 14,3 Fäden pro Zentimeter
- Bockens Klöppelgarn 40/2 für die Hohlsäume
- Baumwollgarn HF (Haandarbejdets Fremme) oder Uhlenhof Stickgarn für die Sternstiche

- Kästchenhohlsaum mit Gitterwerk (S. 54, Muster 40): 1 (4) 8 (4) 1 Gewebefäden ausziehen
- Die abgeschnittenen Fäden mit Festonstichen sichern (S. 12: Abschneiden und Sichern der Gewebefäden)
- Gleichseitiger Sternstich (siehe S. 55, Arbeitszeichnung zu Muster 41)
- 1 cm schmaler Saum, gesäumt mit einfachen Hohlsaumstichen (S. 34, Muster 1), und Ecke mit gerader Naht für Säume bis zu 1 cm (S. 23).

Tischläufer: Den Stoff auf das Muster vorbereiten. Die Kästchenhohlsäume mit Gitterwerk laufen mit Unterbrechungen über die ganze Länge des Läufers. In diesen „Unterbrechungen" Sternstiche sticken: Die Nadel in der Mitte ausstechen und am äußeren Rand wieder einstechen. Die Größe der Sternstiche kann variieren; hier wurde über 20 Fäden gestickt. Die Arbeit mit schmalem Saum abschließen und die Ecken mit gerader Naht nähen. – Die Hohlsäume der Mittelpartie können beliebig lang genäht werden.

Serviette: Die Kästchenhohlsäume als Umrandung nähen. Die Sternstiche liegen ca. 1,5 cm vom Rand und ca. 3 cm auseinander. – Die Arbeit mit schmalem Saum abschließen und mit einfachen Hohlsaumstichen säumen. Die Ecken mit gerader Naht nähen. Die einfachen Hohlsaumstiche erfassen dieselben Fadenbündel wie die Stiche des Kästchenhohlsaumes mit Gitterwerk.

Zeichnung siehe S. 98

Zeichnung zum Tischläufer S. 96/97

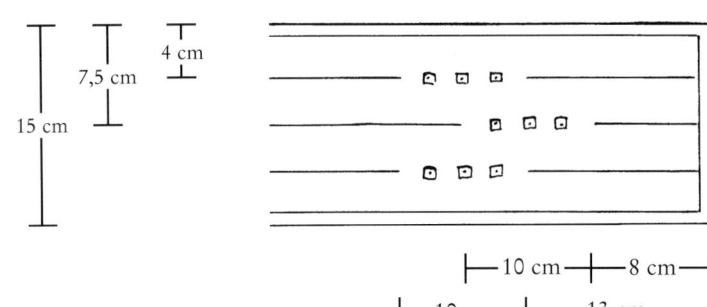

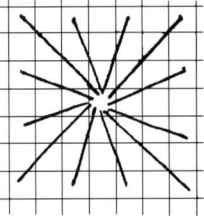

„Gleichseitiger Sternstich"

Tischläufer und Deckchen

- ca. 66 x 40 cm (Tischläufer)
- ca. 24 x 24 cm (Deckchen)

Fertiges Maß

- 75 cm Leinenstoff Stickerei RL,
  natur, Breite 40
- 30 cm Leinenstoff Stickerei RL,
  natur, Breite 40
  der Fa. H. Vieböck, Helfenberg
- Borgs Leinengarn 16/2 (oder Vävlin 16/2,
  Farbe 627)

Material

- Kettenhohlsaum (S. 58, Muster 47)
- Gezählter Plattstich (S. 48, Muster 28)
- Kästchenstiche I (S. 50, Muster 30) über 3 x 3
  Gewebefäden
- Randabschluß: Kästchenstich – Beispiel 1 (S. 26)
- Sichern der abgeschnittenen Gewebefäden (S. 12)

Technik

Ein Fadenkreuz über die Mitte nähen (S. 10). Den Stoff für das Hohlsaummuster vorbereiten. Das Muster nach der Mustervorlage auszählen. Die Eckornamente und die Hohlsäume mit Reihfaden aus-
zeichnen.

Arbeitsanleitung

Zeichnung siehe S. 100

Zeichnung zum Deckchen

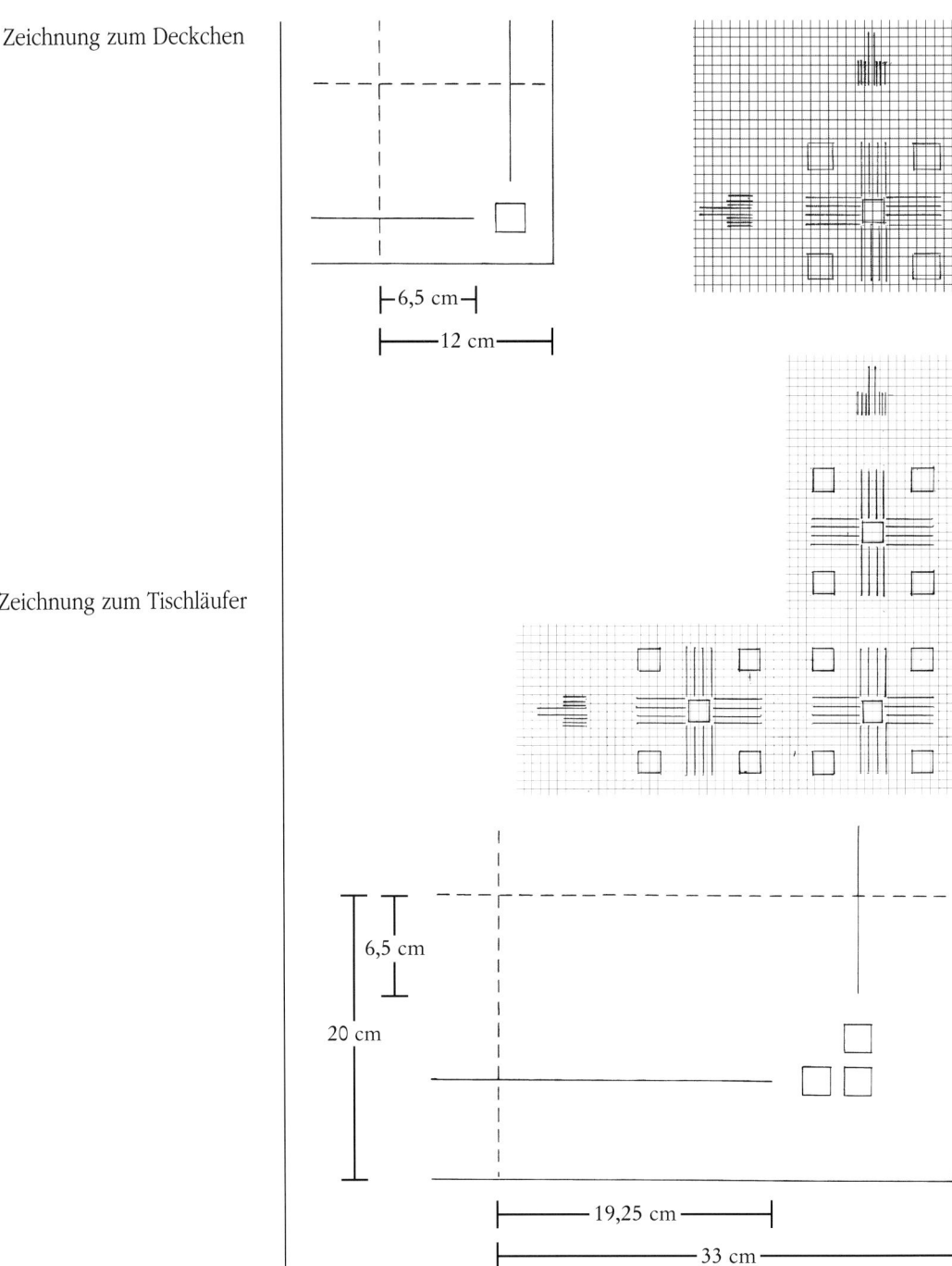

├─6,5 cm─┤

├───12 cm───┤

Zeichnung zum Tischläufer

6,5 cm

20 cm

├───19,25 cm───┤

├─────33 cm─────┤

Tischdecke

Fertiges Maß

150 x 150 cm

Material

- 160 x 160 cm Leinenstoff mit 10 Gewebefäden pro Zentimeter
- Fil de lin 30/2 weiß (oder Bockens Klöppelgarn 35/2, 4/4–b=weiß) für die Hohlsäume
- Bockens Klöppelgarn 35/2 für die Kreuzstichmuster

Technik

- Stäbchenhohlsaum (S. 34, Muster 2): 8 Gewebefäden ausziehen und 4 freigelegte Fäden bündeln
- Ecke mit diagonaler Naht für Säume über 1,5 cm (S. 20) arbeiten
- Kreuzstiche

Arbeitsanleitung

Den Stoff für das Muster vorbereiten (S. 10). Die Hohlsäume nähen. Die eine Seite des großen Quadrates liegt auf derselben Linie wie eine Seite des kleinen Quadrates. Es werden also zweimal dieselben Gewebefäden angeschnitten.

Die Kreuzstichornamente sticken. Ihre Plazierung ist auf der Musterzeichnung mit Zahlen angegeben.

Zum Schluß die Decke mit Stäbchenhohlsaum säumen (auch hier **8** Fäden ausziehen). Der Saum ist 4 cm breit.

Zeichnung siehe S. 104

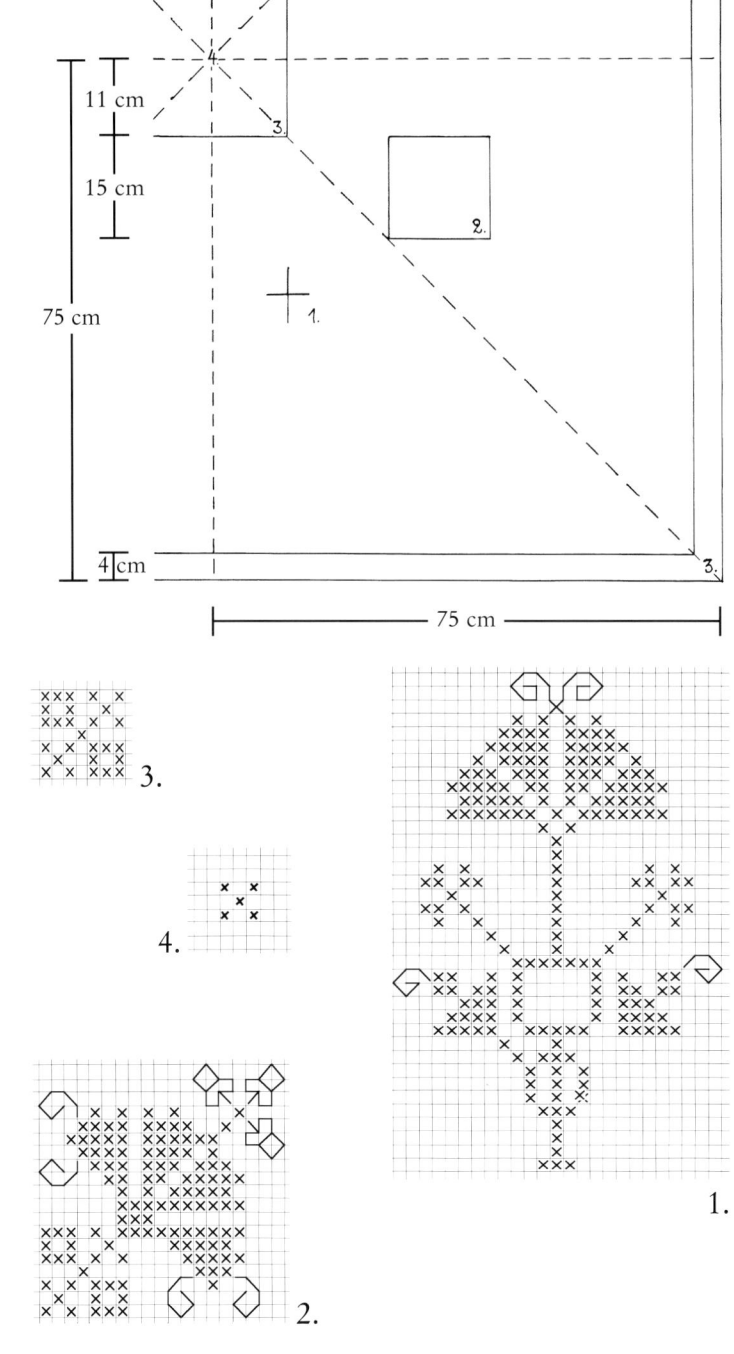

11 cm

15 cm

75 cm

4 cm

75 cm

1.

2.

3.

4.

Mitteldecke und Serviettentasche

Fertiges Maß

- 110 x 110 cm (Mitteldecke)
- 27 x 12 cm (Serviettentasche)

Material

- 120 x 120 cm Uhlenhof Schülertuch
- 40 x 35 cm Uhlenhof Schülertuch
- Uhlenhof Stickgarn 714, 716, 723, 750, 770 und 771
- Brok Baumwollklöppelgarn 100% Co. 36/2 (alternativ ME 2 Vierfach-Stickgarn 25, Farbe 402=weiß, Gütermann Nähseide R 753–40/3 weiß oder Nähfaden Baumwolle 40 weiß)

Technik

- Rosengrundhohlsaum (S. 58, Muster 48): 1 (3) 1 (3) 1 (3) 1 (3) 1 (3) 1 (3) 1 Gewebefäden ausziehen
- Hohlsaum mit geteilten Fadenbündeln, einfach verschränkt (S. 36, Muster 5): 8 Gewebefäden ausziehen
- 2 cm Saum und Ecke mit diagonaler Naht für Säume über 1,5 cm (S. 20), gesäumt mit dem einfachen Hohlsaumstich (S. 34, Muster 1), bei der Decke
- 1 cm Saum und Ecke mit diagonaler Naht für Säume bis zu 1,5 cm (S. 25) bei der Serviettentasche
- Hexenstiche (S. 52, Muster 33) bei der Serviettentasche

Arbeitsanleitung

Mitteldecke: Das Muster ist asymmetrisch. Der Rosengrundhohlsaum wird nur auf die eine Hälfte der Decke genäht. Es sind sechs Balken, 24,5 cm lang und 2 cm breit, gestickt mit Uhlenhof Stickgarn. Der Hohlsaum mit geteilten Fadenbündeln läuft in etwa 1 cm Entfernung vom Saum um die Decke. Dazu Brok 36/2 verwenden. Die Decke mit Brok 36/2 säumen.

Serviettentasche: Den Rosengrundhohlsaum auf der Taschenklappe nähen und die Serviettentasche säumen. Für die Tasche 12 cm umschlagen – 9 cm bleiben für die Taschenklappe – und die Tasche an den Stoffrändern mit Hexenstich (Brok 100% Co. 36/2) zusammennähen.

Zeichnung siehe S. 106

Zeichnung zur Mitteldecke

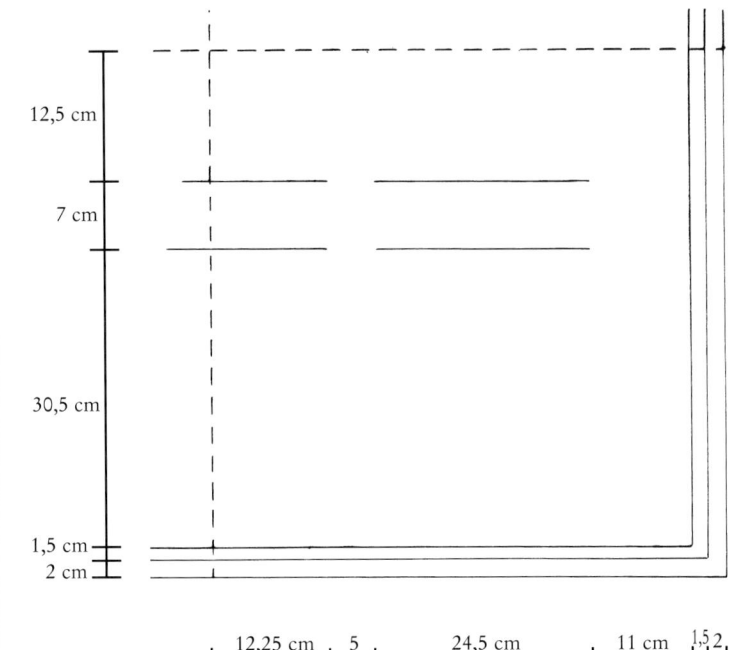

12,5 cm

7 cm

30,5 cm

1,5 cm
2 cm

12,25 cm | 5 | 24,5 cm | 11 cm | 1,5 | 2

Zeichnung zur Serviettentasche

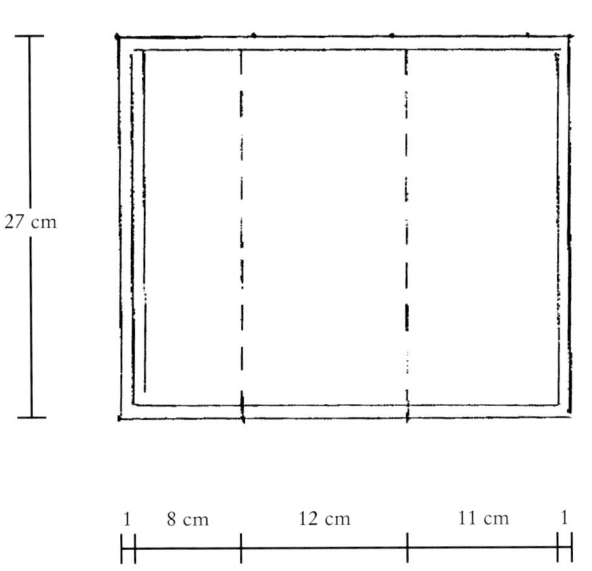

27 cm

1 | 8 cm | 12 cm | 11 cm | 1

106